Routledge
Taylor & Francis Group

教 育 经 典 译 丛

超越人本主义教育
与他者共存

[荷] 格特·比斯塔 / 著
杨超 冯娜 / 译

北京师范大学出版集团
BEIJING NORMAL UNIVERSITY PUBLISHING GROUP
北京师范大学出版社

教育的视界

——在比较中西、会通古今中发展中国教育学

梁启超1901年指出：中国自19世纪开始即进入“世界之中国”阶段。这意味着中国与世界相互交织，化为一体。

王国维1923年进一步说道：“余谓中西二学，盛则俱盛，衰则俱衰。风气既开，互相推助。且居今日之世，讲今日之学，未有西学不兴而中学能兴者，亦未有中学不兴而西学能兴者。”这意味着中西二学相互交融，盛衰一体、兴废一体。

困扰中国社会发展的“古今”“中西”问题始终相互影响。倘不能处理好“中西”问题，忽视“西学”或“西体”，则必然走向“中国文化本位论”，进而不能处理好“古今”问题，中国实现现代化与民主化断无可能。倘不能处理好“古今”问题，忽视中国文化传统或“中学”“中体”，则必然走向“全盘西化论”，由此不能处理好“中西”问题，中国文化会深陷危机，中国现代化与民主化会成为无源之水、无本之木。

因此，中国教育理论或教育科学的繁荣必须坚持“比较中西、

会通古今”的方法论原则。这至少包括如下内涵。

第一，国际视野。我们要取兼容并包的态度，敞开心扉，迎接世界一切先进教育理论进入中国。我们要对这些教育理论进行翻译、研究、吸收并使之“中国化”，像当年吸收佛教文献那样。我们要形成教育研究的国际视野：这包括价值论上的“世界主义”胸怀和多元主义价值观；知识论上的多重视角观，学会以人观人、以人观我、以我观人、以我观我，在视角融合和复杂对话中发现教育真理；方法论上的深度比较法，防止简单翻译、机械比附或牵强附会，要上升到文化背景、历史发展和价值取向层面去理解教育问题。

第二，文化传统。我们要珍视已持续两千余年的、以儒释道为核心的中国智慧传统，它不仅构成了中国文化，而且是世界文明不可或缺的组成部分。我们要将中国智慧传统植根于中国社会和历史情境，真诚对待并深刻理解，防止“厚今薄古”或“以今非古”的肤浅之论。我们要基于中国与世界的现实需求和未来趋势，对中国智慧传统进行“转化性创造”，使之脱颖而出、焕发生机。我们要基于中国智慧传统理解教育实践、建构教育理论，须知，“中国教育学”唯有基于中国智慧传统方能建成。我们要充分继承五四运动以来中国教育启蒙和教育民主化的宝贵传统，须知，“中国教育学”以实现东方教育民主为根本使命。

第三，实践精神。我们要始终关切实践发展、参与实践变革、解决实践问题、承担实践责任，须知，教育实践是教育科学的源泉。我们要把发展实践智慧作为教师解放和教师专业发展的核心，让教师成为“反思性实践者”。我们要成为每一个学生的真诚倾听者，通过倾听学生而悦纳、理解和帮助学生，最终实现每一个学生的个性自由与解放。

国际视野、文化传统与实践精神的三位一体，即构成“中国教育学精神”。践履这种精神是中国教育学者的使命。

是为序。

张华

于沪上三乐楼

目　录/

/致　谢/

本书以我近10年发表的一系列论文、论著章节以及学术演讲中的 ix
诸多观点为基础。我相信，这些观点经过汇聚与融通，生成了一种教育的理论，或如我在本书中所言，一种解读教育的路径。当然，我不会宣称并期待本书所提出的这种教育理论能够应对当下教育者所面临的所有问题。但我坚信，我的这些思考回应了当今世界一个最为迫切的问题，即在一个多元与差异的世界中，人如何与他人共生的问题。我在本书中对如下观点提出了挑战：我们只有对何为人性的定义达成共识，才可以在当今世界中实现共生。与之相反，我所考察的是，如果我们把何为人这个问题视作完全开放的问题，即该问题是我们在从事教育的过程之中而不是之前需要回答的问题，我们的教育方法将如何应对？

本书的一个核心观点是，作为独一无二的个体，我们以各自不同的方式，对他者做出负责任的回应，从而得以进入这个世界。我认为，教育者的责任，不仅体现在创设“现实空间”(worldly spaces)①——使得人与他性(otherness)和差异(difference)的相遇成为一种现实的可能，而且还体现在追问一些“棘手的问题”——启迪我们用自己独特的方式，主动积极并负责地回应他性和差异。

x 尽管本书涉及教育理论与教育哲学，但我的目的并不是为理论家写书。我希望社会各界的教育者都将清晰把握到本书中所讨论的重要议题，更重要的是，能够进一步对本书诸章所提出的观点形成自己的回应与思考。

我的观点的形成，得益于诸多哲学家和理论家的成果，最为著名的有汉娜·阿伦特(Hannah Arendt)、伊曼纽尔·列维纳斯(Emmanuel Levinas)、米歇尔·福柯(Michel Foucault)，以及齐格蒙特·鲍曼(Zygmunt Bauman)。我还一直受到雅克·德里达(Jacques Derrida)、雅克·朗西埃(Jacques Rancière)、扬·迈斯舍琳(Jan Masschelein)，以及伯纳德·曲米(Bernhard Tschumi)的作品的启发。对于上述学者给我的灵感与启发，我充满感激。本书中的多数章节，是应学术会议、学术讲座的邀请以及为杂志或专著而写就的，故而本书诸章也是一种更直接的回应与思考。我尤其对巴巴拉·斯滕格尔(Barbara Stengel)感激不尽，是她激发了我对于学习的思考。我还要感谢卡尔-安德斯·萨夫绰姆(Carl-Anders Säfström)，他激励我对于身份(identity)以及差异的反思；感谢艾利森·琼斯(Alison Jones)和尼克·伯布尔斯(Nick

---

① worldly spaces 通常相对于 spiritual world，常译为人世间或尘世。本书语境强调“有他者和差异存在的世界”，即“多样多元的世界”，而非“一元化的世界”。——译者注

Burbules)，他们邀约我思考教育的复杂本质；感谢扬·迈斯舍琳和玛尔腾·西蒙斯(Maarten Simons)，感谢他们给我机会去探索教育建筑学；感谢托马斯·英格伦(Tomas Englund)和卡斯滕·永格伦(Carsten Ljunggren)，他们为我关于教育与民主观点的形成提供了条件。很久以前，拉斯·拉夫雷(Lars Løvlie)建议我该"说点什么"，是他给了我开始写作本书的信心，而德博拉·奥斯伯格(Deborah Osberg)和罗布·劳伊(Rob Lawy) 更是给了我信心，使我坚持完成了本书。我在瑞典、丹麦、挪威、瑞士、南非、美国、加拿大以及英国的同事与学生们，都为我的学术观点提供了有益的反馈。他们的回应也体现了在一个致力于多元与差异的民主社会中，教育的作用与角色问题是全世界很多国家的教育者思考的核心问题。我还特别感谢迈克尔·彼得斯(Michael Peters)邀请我在他主编的系列丛书中出版本书，也感谢迪安·伯肯坎普 (Dean Birkenkamp)对本书写作计划的一贯支持。

> 假如一个人打算不断从根本上观察和反思的话，那么在人生的某些时期绝对有必要认识这样一个问题，即一个人是否可以以不同于自己思考的方式思考，可以以不同于自己感知的方式感知。
>
> ——米歇尔·福柯(1985，p.8)

> 人之为人，意味着他似乎是超越一切存在的一种存在。
>
> ——伊曼纽尔·列维纳斯(1985，p.100)

> 教育是这样一个关键所在，即它决定我们是否足够爱这

个世界以承担对它的责任，并且出于同样原因将其从衰败中拯救。而那种衰败是不可避免的，除非对其更新，除非有新生事物的到来。教育也是衡量我们是否爱孩子的关键点：爱孩子，我们就不要把他们从我们的世界中驱逐出去或让其自生自灭，也不要从其手中剥夺他们接触新事物以及其他我们无法预见的事物的机会。

——汉娜·阿伦特（1977a，p. 196）

/序言　教育与人的问题/

人之为人，意味着他似乎是超越一切存在的一种存在。

——伊曼纽尔·列维纳斯

人之为人意味着什么？人性如何定义？衡量人性的标尺是什么？过一种富有人性的生活有何种含义？自从哲学家们将注意力从自然世界转移到人类世界以来，这些古老的问题，一直都萦绕在哲人们的心中。说这些问题是哲学问题，并不是说它们仅仅是理论问题。对于人之为人有何内涵这一问题的解答，同样也具有非常深远的现实意义。[例如，对该问题的积极解答，促成了《世界人权宣言》(*the Universal Declaration of Human Rights*)的出台。]而对于人之为人内涵的确定性定义，则使一部分人排除在人的互动疆域之外。 1

人之为人有何内涵这一问题，也可能首先是一个教育的问题。无论儿童教育还是成人教育，抑或是对来自别处的“新来者”的教育，教育毕竟都是一种旨在使受教育者的人生变得更加美好的干预：人通过教育而更圆满、更全面、更完美，甚至成为可能更接近理想的人。很 2

多教育实践因而被设定为社会化的实践过程。它们所关心的是如何将新来者安置于现存的文化和社会政治秩序之中。这并非不重要：它为新来者融入特定生活方式提供了所需的文化工具，同时保证了文化与社会的延续。但是，我们不能对此太天真：这种社会化过程一方面会导致现有的不平等现象无意中被复制；另一方面，教育也常常被刻意地利用，以维护特定的实践和传统。(这不是说这种策略一定是保守的，美国进步教育家乔治·康茨[George Counts]曾自称为保守分子，但他所坚决保守的是激进思想)。实际上，教育并不仅仅是现有秩序的侍者。在当下的教育理论与实践之中，有一种重要的教育思潮的转向，即教育被看作个人的侍者。这种思潮认为，教育的任务和目的，不能用社会化、规训或者道德训练来理解，不能用安置与适应来理解，而是应强调人的培育，或者说，教育重在培养人性(Løvlie, et al., 2003)。

迄今为止，与上述教育思潮相仿的致思方式，可以远溯至古老的“教化”[1](Bildung)传统。教化是源出古希腊社会的一种教育理念，后来通过罗马文化、人本主义、新人本主义以及启蒙思潮对它的采纳，进而演化成现代西方教育传统的核心观念之一(Klafki, 1986)。这一传
3 统的中心问题是，一个受过教育或者培育的人应当具备哪些素养？一开始人们依照教化的内容给出该问题的答案：一个受过教育的人应掌握了一套清晰而明确的知识与价值观体系；应是被适度社会化了的、融入特定传统的人。当获取教化内容的活动本身成为教化过程的一部分，教化就被理解为自我教化，自此向前迈了重要的一步(Gadamer, 2001)。

教化的传统与启蒙运动相互交织之时，也是现代教育理论与实践的基础得以奠定之时。伊曼纽尔·康德(Emmanuel Kant)为启蒙下了一个经典的定义，即“人从自身招致的未成年中解放出来”。他把未成年(另译为不成熟)定义为“人如果不经别人的指导就不能运用自身的理智”(Kant，1992[1784]，p. 90)，这种不成熟是自己招致而来的。康德写道：“其原因不在于缺少理性，而在于当没有别人的指点时，他就缺少使用理性的决心与勇气。要勇于认识！‘鼓起勇气，去运用自己的理智吧！’——这是启蒙运动的格言。”(Kant，1992[1784]，p. 90)

康德对理性自主(自主基于理性)的诉求中最为重要的方面是，他并不把人的这种禀赋理解为变动不居的历史偶然性，而是把它看作人的本质的固有成分。康德把“自由思考的个性倾向与使命感”描述为人的“终极目的”以及“他存在的目标”(Kant，1982，p. 701)。故而，阻碍启蒙的进程就是“违反人性的犯罪”(Kant，1992[1784]，p. 93)。有意思的是，康德还论述了自由思考的习性仅能通过教育才能得以达成——这对启蒙运动以来现代教育的命运有着非同寻常的意义。他不仅提到人是“唯一务必需要教育的动物”(Kant，1982，p. 697)，而且还 4
论及“人只能通过教育才能成为人——一种理性自主的存在”(Kant，1982，p. 699)。

在康德看来，教育过程的合理性，“建立在具有实现自我激励、自我指导之内在潜能的某种主体所拥有的人本主义理念之上”，而教育的任务就在于释放这种潜能，“这样，主体就彻底成为自主的人，进而各显其能、实现自我”(Usher & Edwards，1994，pp. 24-25)。于是，现代教育开始以关于人的本质与命运的特定真理为基础，而理性、自主和教育这三者之间的联系成为启蒙运动的“三位一体”。对康德的体系，一定程度上直接传承的不仅有教育的致思路径，如皮亚杰(Piaget)和科尔伯格(Kohlberg)的教育理论，而且理性自主的理念也成为教育批判性研究(来自黑格尔[Hegel]、马克思和新马克思主义——如保罗·弗莱雷[Paulo Freire]以及北美和欧洲的批判教育学的启发)的基石。与上述两种教育思路相伴而行，教育逐渐被理解为帮助人提升其理性的潜能，进而成为自主的、自我指导的个体的过程。而理性成为人之为人的现代标识(这使得那些被认为不理性或者尚未达到理性的人，包括儿童，陷入困难的处境)。

如果我们尝试去克服现代教育的人本主义基础，将会发生什么？这是我在本书中所探究的问题。换句话说，我将探究：如果我们不再认为我们能够了解人的本质，或者如果我们把何为人这个问题看作一个完全**开放**的问题，即该问题是无须在教育**之前**而只能在教育之中才需要回
5 答，我们将如何理解和“从事”教育工作？鉴于本书的目的，我从哲学的角度去理解“人本主义”。哲学的人本主义所代表的观点是，我们有可能了解并表达出人的本质，并有可能将这一知识作为我们教育和政治学的基础来使用。人本主义，如伊曼纽尔·列维纳斯所言，蕴含着“对人的永恒不变本质的认同，对人在现实组织中的核心地位的认可，以及对赋予万物价值的人的自身价值的肯定”(Levinas，1990，p. 277)。

但是，我们为什么要尝试去克服人本主义？为什么我们要试图超越它？毫无疑问，人本主义一直是一种保卫人类之人性的重要策略，不乏成功的范例。而问题是，人本主义在当今是否仍然是有效的策略？在本书中，我与众多哲学家一起，率先对于人本主义策略之**可能性**

(possibility)与合意性(desirability)这一根本性问题提出了质疑，其中一位哲学家是伊曼纽尔·列维纳斯。在列维纳斯看来，我们社会中的人本主义危机，始于“晚近历史中那些非人道的事件”(Levinas，1990，p. 279)。这些非人道的事件不仅包括 1914 年世界大战、1939—1945 年的第二次世界大战、原子弹轰炸，种族屠杀以及连绵不绝的战争，而且包括“仅计算现实而总是缺少思考现实的科学”“对剥削与战争无动于衷的自由主义政治与政府”等(Levinas，1990，p. 279)。列维纳斯认为，人本主义的危机，并不在于上述的非人道事件本身，而在于人本主义对有效应对这些非人道事件无能为力，这是其一；其二，更重要的是，危机存在于这样一个事实，即这些非人道事件有不少事实上是基于对何为人这一问题的特定理解，并受其鼓动而发生的。所以他的结论是“务必要公开指责人本主义——因为它已经不够人道了”(Levinas，1981，p. 128)。

这种对人本主义的质疑方式让人联想起马丁·海德格尔(Martin 6
Heidegger)。他在其著作中揭示了西方文化中的人本主义缺陷。在其 1947 年首版的《人本主义书简》(*Letter on Humanism*)一书中，他写道：必须反对人本主义，“因为它没有把人性安放得足够高”(Heidegger，1993[1947]，pp. 233-244)。在海德格尔看来，人本主义的一个核心问题是它的形而上学性质(Heidegger，1993[1947]，p. 226)。他的意思是，对于何为人这一问题，人本主义的回答所强调的是人的实质或本质，把人当作了物，而不是如他所认为的那样，把人当作人，即应该强调人的存在，强调人在世界上的存在方式(Heidegger，1993[1947]，p. 228)。海德格尔认为，人本主义不去追问人的存在问题——如此人就只能被理解为一种物的存在了——囿于人本主义的形而上学的方法，“人本主义既不知道，也不了解这个问题，其结果是阻止了这种追问”(Heidegger，1993[1947]，p. 228)。[2]

所以，人本主义的问题在于其假定了一种人之为人的标准，其结果是将那些不能达标或者不照此标准生活的人排除在外(Honig，1993)。21 世纪初，我们深知，这不只是理论上的可能性，实际上，很多成为 20 世纪标识的惨剧——如柬埔寨、卢旺达、波斯尼亚的大屠杀及种族清洗，正是以什么算作人以及更重要的，谁才算作人的界定为基础的。从教育的视角来看，人本主义的问题在于其预设了人之为人的标准，忽视了在实践中实际展现的人性“实例”。人本主义预设了儿童、学生或者新来者必须成为什么样的人，而不是首先给予其机会，让他们表现出他们是谁，他们想成为谁。新来者可能会彻底颠覆我们
7 对何为人的理解，但人本主义好像不愿意接受这种可能性。人本主义似乎会阻断新生儿成为新一代甘地，我们教室里的学生成为新一代的特蕾莎修女，或者新来者成为新的纳尔逊·曼德拉的可能性。这表明，人本主义基本上只把教育看作社会化的过程，看作将新来者安置于既有的现代理性秩序之中的过程。所以，人本主义不能去把握每位个体的独特性，它只能把每位新来者看作已经预设好了的、事先已经知晓的人的本质的一个实例而已。

上述的讨论可以归为对人本主义之合意性的反击。而人本主义之可能性也存在问题：人类是否可能认识并清晰表达出自身的本质？人是否可能完全实现对自身的了解和把握？是否如西格蒙德·弗洛伊德所提出的，人总是存在着不为人知的某一方面？此外，还有一个关于

人的知识状况的更为深刻和哲学性的问题，具体而言，就是人是否可能既是所有知识的主体，同时又是人自身知识的客体？人之主体的现代解读是，人既是同其他事实一样的事实，又是所有事实性知识何以成为可能的先验条件。福柯对于我们理解这一解读中的内在矛盾贡献良多。不仅如此，福柯还宣告了现代人的毁灭，现代人最终就像“海边沙滩上所画之脸”一样泯灭无痕(Foucault, 1973, p. 387)。但和列维纳斯以及海德格尔一样，福柯对人的消亡的宣告并不是针对人本身，而是针对人的人本主义解读所存在的问题方面，具体而言，针对的是人 8
的现代解读对人的内涵之可能性的种种限制。

这才是“人的终结”“主体的消亡”这类短语的关键所在(Biesta, 1998b; Heartfield, 2002)。这类短语并不是谴责人的主体性、人性及人的尊严，而是针对人本主义而言的。也就是说，针对的是那种认为有必要且有可能去固化人的本质的观点而言的。人本主义之批判的中心信条是，人本主义自身已然成为保护人性的一种障碍。再次转引列维纳斯的话：必须公开谴责人本主义，这不在于其诋毁人的主体，而是因为人本主义“不够人道了”(Levinas, 1981, p. 128)。那么接下来的挑战就是，是否可能用另一种方法，一种能克服人本主义存在的问题及其影响的方法，去探寻人的人性问题？这首先是对哲学提出的挑战。但哲学问题，正如我所论及的，并不仅仅是理论问题。人之为人的问题，关涉人类的所有活动和诉求。所以，关于过一种人的生活究竟意味着什么这一问题，众说纷纭，让人不知所从，是持续困扰着世间的非常现实而且紧迫的问题。鉴于以上原因，克服人本主义的挑战也是对教育的极大挑战——也就是说，克服人本主义就是承认教育与社会化之间存在重要的差别；就是承认教育不等同于简单地把个体的人安置于既定秩序之中；就是承认教育蕴含着对每一个作为个体的人的独特性负有责任。

在以下诸章中，我将探寻主体消亡之后我们理解与观照教育的方式方法。换言之，我所探究的是，如果教育不再以人本主义为基础去
9 理解人的主体性，或不受其理论指引，教育将可能呈现何种面貌？一方面，我详细讨论了人本主义为何以及如何对教育构成了问题；另一方面，我还尝试去构建理解和观照教育的一种不同于以往的方法，如我所提到过的，这种方法把人的人性问题看作一个完全**开放**的问题，即该问题是我们在从事教育的过程之中而不是**之前**就需要回答的问题。教育的现代解读是，教育是生产理性自主之人的过程，教育者是助产婆，其任务是释放人的理性潜能。而我对找到替代这种教育的现代解读方法怀有浓厚的兴趣。这并不是说我在任何方面都是反对理性的，它只意味着我认为理性不能够或者不应该是衡量人性的标尺，或者我们不能越过人类历史的限制来理解理性。

我在本书中所提出的方法，可能会被理解为对教育之传统思路的逆转。我认为，作为教育者，我们不能把教育看作生产、释放某种事物。相反，我们应该重视每一个作为个体的人的新开端，重视其是如何从无到有逐步“**入场**”(come into presence)的。这可能一开始看起来好像是儿童中心教学法。然而，恰恰相反，它不是儿童中心论。因为，正如我在书中所言，只有在一个居住着不同于我们的众多他者的世界上，我们才能够入场。这里的“世界”，是一个多元和差异的世界，不仅是人得以入场的**必要**(necessary)条件，同时还是一种**令人困扰**(troubling)的状态，正是这种状态使教育过程具有内在的困难。教育者的角色，不是技术员，也不是接生婆。理解教育者的角色，要依据其肩负的两个责任：一是教育者有责任使每个独一无二的个体得以“进入世界”，二是教育者有责任守护这个世界的多元性和差异性。

在下面六章中，我将以如下方式展开这一思路。在第一章中，我 10
首先将讨论置于一个更为广阔的当代背景之下，指出教育的语言好像已经全被学习的语言替代了。我认为在“教育”转向“学习”的过程中，有些东西丢失了。其结果是，置身于教育过程之中的很多人，不管学生还是教育者，都缺少一种语言，帮助他们理解教育过程与教育关系的复杂而艰难的性质。我探究何者构成了教育的关系，并借此为理解与观照教育提供了一种不同于以往的方法纲要。在下面四章中，我从不同的方面对这种理解与观照教育的替代性方法进行了论述。在第二章中，我致力于对人本主义的批判，对关于人的终结、主体消亡之断言的批判。我认为，与其努力去寻找何为人的主体及其本质的答案，不如去追问一个不同的问题，即作为独一无二的个体的人的主体，在哪里“入场”？我讨论了人们所理解的入场的种种方式，强调了入场的社会的和伦理的维度。本章的一个重要的结论是，只有在一个居住着不同于我们的众多他者的世界上，我们才能够入场。在第三章中，我进一步探讨了我们应如何理解个体得以入场的社群。这种社群，是一种由不具备共同身份的人构成的社群，是作为一个完全存在着多元与差异的社群。在这样的一个没有社群的社群中，我们只能通过责任建立彼此的联系。正是通过这种责任的关系，我们每个人作为独一无二的存在才得以建构起来。在第四章中，我详细考察了上述观点对于教育的启迪与诉求。我认为，我们仅当他者也进入世界时才能进入世界，11 这就是说，我们进入世界依赖于多元和差异的存在。然而，这样却使得教育过程即使不是矛盾重重也必然存在内在的困境——在本章中，我称之为教育的解构性本质。我探讨了如何理解这种困难及其如何能够在教育中拥有恰当的位置。在第五章中，我重点论述了教育关系的问题，具体而言，是创设"现实空间"——独一无二的个体入场所需的条件，即存在多元与差异的场所的问题。通过教育与建筑的比较，我探究了现实空间之构建的内涵。我的结论是，教育责任蕴含着双重职责：教育的职责和解构教育的职责。第六章旨在揭示我在前面诸章中所提出的教育方法何以对于我们理解和解读教育产生了重要影响。我反对那种把民主教育看作一种培养民主人的过程，相反，我倡导一种关注人如何能开始行动，并进入多元与差异的世界的教育策略。在此基础上，我提出了民主教育的三个新问题，这些问题不强调民主之人的教育，而是寻求学校与社会中人能够开始行动的条件，并从既往的行动或者未能成功的行动中寻求经验与教训。最后本书得出结论：诉求一种中断教育学。

注　释

[1] **教化**(bildung)的传统在欧洲大陆教育理论与实践中有着深厚的根基，这使将**教化**这一概念翻译成英语变得困难。尽管**教化**有时被译为"熏陶"(edification)，12 甚至"博雅教育"(liberal education)，我决定直接使用这一原初的德语词汇。我们还要进一步探讨**教化**何以在英语世界中被理解为与教育传统有关(Cleary & Hogan，2001；Biesta，2002a；Biesta，2002b；Løvlie，et al.，2003)。

[2] 海德格尔“发现”了人的实质或本质(人作为一种存在)与人的存在或存有(人的存在)之间的差别，列维纳斯将之视为西方哲学的主要突破(Levinas 1985, p. 40)。这就是他将海德格尔的《存在与时间》(*Being and Time*)看作“哲学史上最为杰出的作品之一”(Levinas, 1985, p. 37)，以及将本书中人的存在的分析看作“极为出色”的原因(Levinas, 1985, p. 39)。但他也提到，为了表达对《存在与时间》的敬仰之情，他总是试图“想象其在 1933 年之前的德国氛围”①(Levinas, 1985, p. 38)。尽管赞同海德格尔的“诊断”，列维纳斯却从根本上并不赞同他的“解决方案”，即海德格尔将人指任为“存在的牧羊人”(Heidegger, 1993[1947], p. 234)。事实上，列维纳斯列举了该书尽管有“助益思想、反对事功的雄心勃勃的哲学愿景，却将人局限于人的存在的理解中；尽管有《人本主义书简》之作，却促成了对希特勒主义的理解”(Levinas, 1990, p. 281)，他将其看作 20 世纪非人道事件之一。

① 1933 年希特勒上台，德国发生很大变化。——译者注

/第一章　超越学习：学习的时代里重申教育语言/

13 语言对于教育为何重要？如果我们把语言仅仅看作是对现实的一种描述，那么对这一问题就无须多言了。在这种情况下，教育仅仅属于“是”的范畴，语言则用来描述“是什么”。然而，描述仅仅为语言的功能之一——其本身就存在不确定性。语言不只是现实的镜像，至少自杜威和维特根斯坦以来，我们就知道语言是一种实践，是我们做的事情。自福柯以来，我们知道语言的实践勾画出了——或许我们还可以说构建了——我们所见、所说、所知、所想乃至所做的事情。正如语言使得某些言行方式成为可能，同样，语言也使另外一些言行方式变得困难，甚至成为不可能。这就是语言之所以对于教育那么重要的
14 原因。因为教育之语言很大程度上影响了我们所说、所做以及我们所不能说、不能做的内容。

在本章中，我将重点讨论近 20 年来教育者所用语言的嬗变方式。我认为，教育的语言很大程度上已经被学习的语言代替。这种“学习的新语言”尽管使某些观念和见识得以表达(用教育的语言则很难表达清楚)，但这却让我们对于教育之实然或应然的理解越发困难了。从教育

语言向学习语言的转变过程中，一些东西丢失了。为此，我想有必要为教育重申一种教育的语言。可这不是简单地回到过去使用的语言。在某种程度上，这一任务是为教育重新创造一种语言——一种积极应对当今我们所面临的理论与实践之挑战的语言。

过去和现在的不少教育者，都从教育的解放式语言中获得过启发，强调教育作为个人解放的过程，即从儿童到成年、从依赖到独立、从他律到自主的发展，这有着悠久的传统。批判教育家们已经帮助我们认识到，没有社会的解放，就没有个人的解放。无论教育是作为个人解放还是社会解放的过程，这两种传统虽然强调的重点不同，但都与启蒙的解放观有着密切的联系：都是在人本主义框架下(其中理性被看作人的本质与命运)从理性的维度对解放的解读。我在序言中也曾提到过一种教育目的观，即教育的目的是达到一种理性自主的状态。但是，我们现在生活在一个被我们称之为后现代或后殖民的时代，在这个时代中，我们开始意识到，不只有一种理性，而是有很多种。我们现在还生活在这样一个时代，我们开始意识到认知与知识只是我们与自然世界和社会世界相连的一种方式，但未必是最重要、最富成果、最解放人的方式。我们今天所面临的政治和经济的危机，表明支撑教育的解放式语言的世界观可能已然衰竭。今天我们最重要的问题是我们如何负责地对他者做出回应并与其和平共处(Säfström & Biesta, 2001)。 15

发展教育语言，积极回应这些挑战，我希望在本章中对此做出相应的贡献。尽管我承认教育本质具有内在困境，但我仍建议，我们要去打造一种语言的基石，强调教育关系、教育信任和教育责任。在后面几章中，我将对此展开详细的探讨。

学习的新语言

20多年来，教育理论和实践发生了很多重大变化，其中包括“学习”概念的勃兴与“教育”概念的相应衰微。教学被重新定义为支撑或促进学习，与此相似，教育现在常常被描述为提供学习机会或者学习经验。学生变成了学习者，成人教育变成了成人学习。在英格兰和威尔士，继续教育和成人教育部门被官方重新调整为学习与技能部门。全世界的政府不再诉求终身教育，而是强调终身学习以及学习化社会的构建。“学习”已然成为国家的乃至国际性的文件中的热点词，如《面向
16 所有人的终身学习》(*Lifelong Learning for All*)(OECD，1996)，《学习时代：新大不列颠的复兴》(*The Learning Age*：*A Renaissance for a New Britain*)(DfEE，1998)，以及《学习走向成功》(*Learning to Succeed*)(DfEE，1999)。英国现在甚至拥有了一个叫作“学习指导”的网络平台，面向任何想学习的人开放。该学习平台由英国产业大学开发建立，旨在把英国转化为一个学习化的社会，其网页上有如下介绍。

> 欢迎来到“学习指导”。
>
> 学习指导是面向所有人的全新学习方式。
>
> 学习指导所设计的学习时刻把你放在心上。我们的课程是基于计算机的，但绝不会让你感到麻烦。开始学习的最简易的

办法，就是在遍布全国的众多学习指导中心中找到一家，那里的工作人员将会非常友好地帮助你。你不需要任何经验——我们将逐步带领你学习。(http：//www.learndirect.co.uk，2003)

下面节选自一份欧盟出版的关于终身学习的文件，该文件为我所指称的“学习的新语言”提供了另一清晰例证。

将学习者与学习置于教育、培训方法以及过程的中心，无疑是一个新的理念。但在实践上，既定的教学实践在多数情况下是重教而轻学的，在一个高科技知识社会中，这种教与学就失去了有效性。学习者必须积极主动、更加自主，时刻准备着更新自己的知识，以积极应对不断变化的系列问题与情况。教师是一种陪伴、促进、辅导、支持和指导的角色，为学习者服务，使其获取、使用知识，最终创造知识。(Field，2000，p.136)

尽管这种“学习”的概念似乎已经在当今的教育话语中无所不在， *17*
但也要看到这一学习的新语言并不单单是由某一潜在的计划而促成的。它更应被理解为许多不同的，甚至部分相互矛盾的趋势和发展进一步融通的结果。这说明这种学习的新语言与其说是某一特定计划有目的的产物，不如说是系列事件的结果。至少有四种趋势，以不同的方式，促成了学习的新语言之勃兴。

1. **学习的新理论**。学习心理学领域关注建构主义以及社会文化学习理论的兴起，这是一个颇具影响的趋势(例如，Fosnot，1996；Lave & Wenger，1991)。学习是被动汲取信息的观点遭遇到这些理论的挑战：知识和理解常常是由学习者在与其他学习者合作的过程中积极建构起来的，这就使注意力从关注教师的活动转向了关注学生的活动。其结果是，学习被解读为教育过程的中心。例如，脚手架(scaffolding)教学理论就提供了一种视角，重新把教学定义为支持与促进学习。

2. **后现代主义**。后现代主义对教育理论和实践的冲击也对学习的新语言的勃兴起到了推波助澜的作用。在过去的20多年中，很多论者都谈到教育完全是一种现代性的筹划，它与启蒙运动的传统密不可分(例如，Usher & Edwards，1994)。故而，持后现代论者对现代性筹划的可能性与可行性充满怀疑，进而对于教育的现代架构，特别是教育者通过传授理性与批判性思维就能使学生获得自由与解放这一观点提
18 出了质疑。正如德国教育家赫尔曼·吉塞克(Hermann Giesecke，1985)所言，后现代主义暗示了教育的消亡，那么，除了学习，还能剩下什么？

3. **成人学习的“悄然猛增”**。学习的新语言的勃兴，不只是理论、概念变迁的结果，还有一个简单的事实，就是现在越来越多的人不惜花费大量的时间和金钱，在正式或不正式的教育机构中进行各种各样的进修学习。有确凿证据证明，参与正规成人教育的量与度都提高了。不仅如此，非正式形式的学习市场，如健身中心、体育俱乐部，借助自助手册、互联网、视频、CD、DVD等手段，也在急剧扩大。约翰·

菲尔德(John Field，2000)所提及的“学习的悄然猛增”的一个最为显著的特点，就是这种新学习在形式、内容和目标上都更加个人化了。菲尔德注意到，现在很多成人学习者都在与自己抗争，如与自己的身体健康、人际关系或者自我认同抗争。新的学习者所从事的活动，其本质是个人主义的、个人化的，这正有助于我们理解为何**学习**一词已然成为描述这些活动的恰当概念。

4. **福利国家的消弭**。学习的新语言的勃兴，也与社会经济和政治发展有关，特别是与福利国家的消弭以及新自由主义的市场意识形态的崛起有关。福利国家隐含的核心理念之一是财富分配的原则：健康保险、社会安全以及教育等的供给，不是仅供有钱人享有的，必须惠及所有公民。尽管很多国家仍基本秉持这一原则(尽管公私合作水平不断提高，或者甚至是全面的私人化)，政府和公民之间的关系在很多情况下已经从政治关系转变为经济关系：国家是公共服务的提供者，而纳税人则是国家供给的享有者。“花钱合算”已然成为处理国家与其纳 19
税人之间事务的指导性原则。问责文化的兴起及其催生的严格的监管、控制体系，甚至更具规范性的教育协议，是上述思路的基础。教育券制度、学校应为学生提供何种供给最终应由教育的消费者，即家长来决定的这种观念，其背后也体现了上述思路的逻辑(对于作为公共善的教育之消亡的批判性分析，见 Englund，1994；Apple，2000；Biesta，2004a)。这种思路所带来的逻辑是对教育供给的使用者或消费者的单方面关注。那么，对于这样的消费者而言，还有哪个名字比学习者更合适呢？

如果上述这些已经足够说明了学习的新语言或已崛起的原因，我想再次强调：这些发展并不是某一潜在筹划所催生的结果，也并不必然是坏的或有问题的。下一步需要追问的问题就是学习的新语言在教育的话语和实践上已经产生了何种影响？学习的新语言所存在的问题究竟是什么？凭借学习的新语言，何者能被言说，更重要的是，何者又不能被言说？有没有挑战“学习”的理由？

挑战学习?

学习的新语言所存在的主要问题是，它使教育过程被重新诠释为一种**经济交易**。第一，学习者是潜在的具有某种需要的消费者；第二，教师、教育者、教育机构被看作满足学习者需要的供给者；第三，教
20 育本身成为一种由教师或教育机构提供给学习者消费的商品和事物。有一种观点认为，教育机构以及每位教育者应灵活变通，积极回应学习者的需要，让学习者花钱合算，甚至应遵循学习者或消费者至上的原则。这一观点背后的逻辑正是经济交易的逻辑。很明显这也是“学习指导”的全部：在这里，“你不需要任何经验”，基于电脑的学习也不会“让你感到麻烦”，“友善的工作人员将会随时帮助你”。也正是这种逻辑，要求教育者和教育机构应负起责任，因为建立起学习者或消费者与教育者或供给者之间的关系，说到底靠的是学习者所付的学费，即使是公办教育靠的也是税收。

在这个方面上，如此看待教育过程还是可以讲得通的。也就是说，

这样做是为了纠正供给者主导的教育及其僵化体制的偏失。毕竟，所谓拥有教育机会，无非是指诸如能够上学以及接受高等教育等基本的诉求。那些不能按照教育机构的要求和课程表安排自己生活的人，传统上是没有教育机会的。这就是为何夜校、开放大学以及方式灵活的远程学习如此重要的原因，这也是为何教育机构以及每位教育者应该切实回应学习者需要的主要原因。把学生看作学习者，把学习者看作追求花钱合算的消费者，的确对实现所有人教育机会的公平有益。

然而，更为基本的问题是，以经济学的话语来解读教育，把教育视作一种学习者有某些需要，而教育者的任务就是去满足这些需要的境况，这种解读方式是否可能与应该？同费恩伯格(Feinberg，2001)一样，我对此并不认同，我认为正是这种解读方式导致了经济关系与教 21
育关系的混淆。为何这么说？

在经济交易中，我们原则上可以假设消费者知道自己需要什么、想要什么(这里使用“原则上”一词很重要，因为我们很清楚消费者的需要是如何被广告业绑架的)。这种假设在教育的情境下是否同样适用？似乎多数家长都很清楚他们送孩子去学校的目的，但这只在通常的意义上如此——在关于孩子为何要上学以及能从学校及其教学中得到什么这一问题上存在着一种较强的文化期待时，好像才可以那么说。但多数家长送孩子上学没有或暂时还没有一个要求教师做什么的详细列表。例如，“亲爱的女士，请使用方法 A，给玛丽半小时的数学指导，再上 15 分钟的补习课，然后再上 20 分钟的宗教教育课，还有让她与同学互动一会儿。”家长送孩子上学是想让其接受教育，但这要依赖教师的专业知识与专业判断来决定特定孩子的特殊需要。经济的或者市场的模式与专业的模式是存在根本区别的。正如费恩伯格所言："在市场模式下，消费者知道自己需要什么，供给者则努力提供质优价廉的产品或服务以满足消费者的需要。而在专业模式下，供给者不仅服务于消费者的需要，而且还须对这种需要做出界定——山姆去看医生，抱怨头痛，他究竟需要阿司匹林还是要动脑部手术？只有医生知道。"(Feinberg，2001，p. 403)

22 这种情况在成人学习者那里会有不同吗？估计不会。虽然成人一般更能清楚地表达自己的教育需要，因而也能对其做出更好的界定。但在很多情况下，成人就是为找到自己究竟想要什么和需要什么而参与到教育中来的。我们也不要忘记，很多成人把参与教育描述成一种生命转变的事件：通过这种教育的体验，他们不仅明晰了自己想要或需要的到底是什么，而且他们还发现了一个新的自我。这并不是说发现新的自我或新的身份总是一种积极的体验，发现新的身份意味着放弃原来的身份，正如罗素的《丽塔的教育》(*Educating Rita*)和萧伯纳的《卖花女》(*Pygmalion*)等经典著作所证实的那样，再想回头就难了。

所以，把教育看作一种经济交易行为，看作一种满足学习者需要的过程(学习的新语言使其成为可能)，这首先就是有问题的。它不仅曲解了学习者的角色，而且曲解了教育关系中教育专家的角色；它也忘记了教育专家因其具备专业特长而在界定需要的过程中扮演着关键的角色，这种角色与仅仅负责将商品交付顾客的店员角色是截然不同的。

教育应该迎合学习者预设的需要，这一观点也是问题重重。该观点主张的理论框架，把对教育的有意义追问局限于**技术性**的问题，即关于教育**过程**的效率与效力问题。于是，对教育内容与目的这类更重要问题的追问，不同于对学习者需要的回应，几乎就成为不可能的事了。既然认为学习者自己知道或应该知道想学习什么以及为何学习，那么关于教育内容与目的的问题不仅彻底走向**个人化**，扩而言之，还 23
会沦为市场的应声虫。其后果之一就是，为了吸引学习者，必须把学习本身描述为容易的、有吸引力的、激动人心的。更有甚者，正如“学习指导”所言，“学习形式是全新的”，对此，“你不需要任何经验”，而且电脑的使用也“不会让你觉得麻烦”。

也可能在某些重要领域，的确需要由每位学习者决定自己学习的内容与目的。我这里不是说只有某些学习才是合法的、值得尊重的。我想表达的是，关于学习内容与目的的问题，首先应当被看作重要的教育问题，因为弄明白什么是自己想要的或需要的，本身就是一种重要的学习体验。所以，我还想说，这些问题不是简单的个人喜好的问题，应该被看作一种社会性问题和人际关系的问题。关于我们是谁以及我们想通过教育成为谁这些问题，尽管对我们自己非常重要，但这些问题总是关涉我们与他人的关系，关涉我们在社会构成中的位置。所以，扩而言之，关于教育内容与目的的问题，基本上是**政治**问题。我们都知道，市场长袖善舞，目的是确保自己的未来。如果我们把这些问题诉诸市场，希望市场给出答案，这将会剥夺我们对社会的教育更新问题表达民主意见的机会。

所以，针对学习的新语言，更准确地说，针对学习的新语言所支持的思维方式，出现了两种反对意见。第一，学习的新语言的问题在

24 于催生了教育过程的**经济学**解读方式。学习者应了解自己的需要是什么，而满足这些需要(更直白地说是**使顾客满意**)则是供给者的唯一目标。我在前文中论述过，这种解读曲解了教育关系的动态性。第二，学习的新语言也存在逻辑问题。这种“消费者”需要或“市场”需要的表达逻辑，使得关于教育内容与目的的追问变得非常困难。正如前文所述，这对教育的专业素养构成了威胁，最终也会侵蚀关于教育目的的民主性思考。

基于上述原因，我们应该对使用学习的新语言持有特别谨慎的态度。这不仅是因为这种使用可能破坏我们作为教育者的专业素养，而且因为它可能会侵蚀我们对于教育内容与目的的民主性讨论。然而，我们的态度并不是简单的否定。我们需要重申或重构一种教育的语言以代替学习的语言。下文将转向这一任务。

从学习到教育：何者构成了教育的关系？

正如前文所述，我们不应该把教育关系理解为供给者与消费者之间的那种经济关系。但是，构成教育关系的又是什么？哪种语言能够恰切地抓住教育关系的特殊之处？我围绕着三个相互联系、密不可分的概念来回答这个问题：信任、暴力、责任，或更确切地说，无条件的信任、先验的暴力以及不可知的责任。

无条件的信任

教育是从哪里开始的？它可能的确始于学习者：他渴望学习，追求知识、技能、资格，不甘平庸，勇于探寻未知，致力于寻找学习的方法或学习的榜样。当然我们能尽量将这种教育过程置于理想的环境之中。学习者知道自己想学习什么，供给者则必须精准把握学习者的学习需要，于是学习合同、问责制度、监控制度，以及“学习指导”——为“把您放在心上”而设计的“全新的学习形式”随之而来。 25

然而，即使参与到这种精心打造的学习形式之中，却还是有风险的：我们学不到原来想学的（这种情况下我们当然可以起诉供给者）；我们所学习的是以前想都想不到的内容或者原来不可能想到会想学习的那些内容；我们将学习到原来不想学习的内容（如关于我们自己）。参与学习必然蕴含着一种风险，那就是学习可能会对我们产生影响，可能会改变我们。这意味着教育开始于学习者愿意冒这个风险之时。

照此来说，教育关系的一个构成要素就是信任。风险与信任为何有联系？因为从根本上来说，信任关涉这样一种情境：你置身其中，却并不知道或不能知道将会发生什么。所以，信任从本质上来说是无条件的。因为如果人们的信任基于一定的条件，也就是说，如果人们已经知道将会发生什么或他们信任的人将会如何回应与行动，那么就不需要信任了。信任将会被算计代替。但是，信任关涉的是不可算计性。当然，这并不是说信任是盲目的，而只是旨在强调一个事实，即26 信任天然地而不是偶然地蕴含着风险的存在。否认参与教育所涉及的风险，就会遗漏教育的一个关键的维度。认为教育能够且应该无风险，或者可能提前知道或明确学习结果，是对教育内涵的误读。

可能会有人认为，前述观点的有效性依赖于我们如何界定学习，以及人们所参与的学习的类型。毕竟不是所有的学习都蕴含着程度相似的风险，某些形式的学习可能较容易判定其结果。尽管我倾向于认为所有的学习可能都会导致意料之外的变化，并因此认为诸如驾驶、艺术史、电焊或者写作类课程的学习没有根本的区别。但是，如何界定和理解学习本身的确重要，值得关注。这就需要进一步探讨教育关系构成要素的第二个方面。

先验的暴力

什么是学习？无论个人主义倾向的学习理论家还是社会文化倾向的学习理论家，都对学习——准确地说学习过程的发生机理有着大量的研究论述。尽管对学习过程的表述与解释不尽相同，有的人强调大脑中发生的过程，有的人则强调合理的外部参与。但是很多此类的论述都认为，学习与外在事物的获得相关，这种外在事物在学习活动开始之前就已经存在，作为学习的结果为学习者所拥有。人们在谈论某人学习了什么时，很多人头脑中对于学习过程的观念就是如此。

27 然而，我们也可以从一种不同的角度观照学习，将其看作一种回

应。我们不再把学习看作一种获取、掌握、内化，或者其他任何我们能想出来的带着占有式暗喻的词汇，而是把学习看作对干扰的一种反应，一种遭遇分解之后再度去重组、重构的努力。我们把学习看作对何为他者与差异的回应，看作对那些挑战、激惹甚至妨碍我们的回应，而不是去获取我们想拥有的。把学习当作获取与把学习当作回应这两种观照学习的视角，可能都是有效的，也就是说，这依赖于我们质疑学习定义时所处的情境。但是，正如我在下面诸章将要详细讲到的，如果承认教育不仅关涉知识、技能和价值观的传递，而且关注学生的个体性、主体性或个性，关注学生作为独特的个体的存在“进入世界”，那么学习的第二种定义的**教育学**的意义会更加显著。

把学习看作获取，事关不断得到越来越多的外在之物；而把学习看作回应，事关我们是谁以及我们的立场在哪里。进入世界不是个体仅靠自己就能达成的。这很明显是因为为了进入世界，我们需要一个世界，一个由与我们不同的他者所栖居的世界。我们也不应该把进入世界理解为一个前社会的、个体的行动或决定。这首先是因为我们有充分的理由相信，我们的主体性、我们是谁的构成，完全是社会性的。甚至当我们说出像“**我**”这个简单的词的时候，我们已经在使用一种语言，这种语言从根本上来说不是我们自己的创造，或者我们自己的占有物(Derrida, 1998)。但这也是，正如我在第二章和第三章中将要详细讨论的，因为使我们成为一种唯一的、独特的存在——成为我，而不是你——可以在我们回应他者、回应他者的问题以及回应作为问题的他者的方式上准确找到(Livanas, 28

1989a；Livanas，1998b；Biesta，2003a)。

如果我们从这个角度来看待教育，很明显，教育的主要责任之一就是为个体进入世界提供机会。这可能意味着什么？首先，这需要创设一种情境，学习者在其中能够且被允许做出回应。这意味着必须有回应的指向物，如课程，但不是那种需要获得内容的课程，而是那种容许特定回应的实践性课程(Biesta，2005)。这同样也需要教育者和教育机构对学生的思想与情感保有兴趣，允许他们用自己独特的方式做出回应。这当然对教学法以及学习的社会性机构有所启迪。可是这并不意味着任何回应就足够或应被接受。进入世界绝不是自说自话，而是要进入社会结构之中，所以完全是关系性的(Sidorkin & Bingham，2004)。进入世界是回应他者(在第二、第三章中，我将展开这一主题)并因此对其负起责任。所以，做出回应关涉行动、言行，同样关涉被动性：倾听、等待、注意和空间创设(Biesta，2001)。

创设学生实际上做出回应的机会与环境，是教师和其他教育者肩负的关键任务。不仅如此，他们还要挑战自己的学生，让他们与他者相遇，并追问“你对此怎么看”“你的立场是什么”以及“你将如何回应”，以此“学会如何回应”(Rancière，1991，p. 36；Masschelein，1998，p. 144；Biesta，1998a)。毫无疑问，这些是非常困难的问题(我在第四
29 章中将探讨教育应该有多难这个问题)。但这些问题因其挑战学生，使其展现他们是谁以及他们的立场，所以从根本上来说也是教育性问题。这样做时，这些问题就使作为独特个体的学生进入世界成为可能。

如果追问这些困难的问题是教育关系的核心且必要的一个方面，那么就不要想当然地以为教育关系是容易的或愉快的，认识到这一点很重要。通过追问这些困难的问题，让学生进入世界，我们挑战并可能干扰了学生对于“我是谁”以及“我的立场是什么”的问题的思考。这意味着教育蕴含着一种对学生主权的妨害。德里达把这种妨害称为“先验的暴力”(Derrida，1978)。教育是一种暴力的形式，在于它追问困难的问题，制造了很多困难的境遇，进而干扰了主体的主权。然而正是这种妨害使得独特个体进入世界成为可能，这也是德里达称其为“先验的暴力”的原因。这里的“先验的”指的是为了成就某事而需要出现之物。当然，强调教育蕴含着对学生主权的妨害，并不是说教育应该是暴力的。这只是一个提醒：我们作为教育者总是干涉学生的生活，这种干涉对于学生具有深刻的、转变性的甚至让人不胜其烦的影响。这当然与把学习描述为“愉快和容易”且没有任何风险的“学习指导”相距甚远。

不可知的责任

如果责任是教育关系的构成要素，而且教育借此成为可能，那么教育者肩负的重大责任马上就清晰可见了。这种责任不只是对教学“质量”的责任，也不是成功满足学习者需要或实现教育机构之目的的责任。如果教育关涉的是创设学生进入世界的机会，并通过追问难题使其成为可能，那么很明显，教育者首先要对学生的主体性负起责任， 30

使学生成为唯一的、独特的存在。而这种对学生的唯一性与独特性的责任，与算计无关。我们对学生承担起责任，并不需要事先全面了解学生，也无须知道这一责任的实际内涵，即无须知道我们的教育努力与干预在未来将会产生什么结果。这种责任是我们不知道将来要承担的责任是什么——如果我们可以使用担当一词的话。在这种意义上，责任是无限的。正如德里达所言，有限的责任只是把良知归功于自己的一个借口。他写道：

> 当路径已经明晰可辨，知识扫清了前方道路上的障碍，决断已经做出，似乎不需要再做什么了；无须负任何责任，凭着自己的良心，人只是应用或贯彻某一计划……行动于是成为一种知识或技术诀窍的简单应用。这使得伦理学与政治学沦为一种技术，而不再是实践理性或决策，有限的责任开始变得没有责任了(Derrida，1992，p. 41，p. 45)。

所以，要参与到教育关系之中，成为一位教师或者教育者，就隐含着对某物(或某人)负有我们并不知道和不能知道的责任。这是为何不可知的责任应被看作构成教育关系的第三个维度的原因。在第五章中，我详细讨论了这种责任的内涵。

为了教育

在本章中，我考察了学习的新语言。我认为，学习的新语言的勃兴，是多种因素的发展在无意中促成的结果。这些发展并不都是坏的：学习的新理论对于教育实践肯定具有积极性的影响；当代教育的后现代批判揭示了当代教育体系与实践具有专制性；学习诉求的增加，所谓“悄然猛增”，的确为学习开启了新机会。我并不看好新自由主义的勃兴(Biesta，2004a)，学习的新语言看来倒与新自由主义体系很契合。我还认为，把教育看作一种经济交易，不仅误读了教育关系中教育者与学习者的角色，而且导致了教育内容与目的受制于市场因素，而不是专业判断与民主协商。 31

尽管学习的新语言在某些方面一直是有益的，但它使得追问教育的教育性问题变得异常困难——这说明为什么语言对于教育那么重要。所以，在本章的第二部分中，我还试图厘清和追问这些问题的深意：我首先探讨了教育关系的构成要素，然后重点关注了教育关系中，个体是如何作为一个唯一而独特的存在进入世界的。通过强调教育关系何以由无条件的信任、先验的暴力以及不可知的责任构成，我勾勒出了理解教育的一种不同于以往的方法。这种方法不是建立在关于人的 32
主体的特定事实之上，也并不把教育看作“生产”一种特定类型的主体性的过程，尤其不是现代教育所培养的理性自主主体。在下面五章中，我提出并详细讨论了这种方法。在第二章中，我倡导一种可能克服教育中的人本主义的方法，将何为人的主体性问题置换为人的主体性究竟在哪里入场的问题。我认为，在一个生活着与我们相异的他者的世界之中我们才能够入场。在第三章中，我通过对教育、社群和责任之间关系的考察，详细探讨了这个观点。在第四章中，我讨论了教育过程与关系的复杂难解的本质。在第五章中，我转向教育者的责任问题。在第六章中，我揭示了这种理解与观照教育的方法如何对民主教育的理论与实践产生重要的影响。

/第二章　入场：主体消亡之后的教育/

很久以前一直到现代，主体曾一度存在。人们把这种主体看作真 33 理与理性之源，是自身身份之源，是超越时空、亘古自足的存在，是足以撼动宇宙的支撑点。但是现在我们却被告知，这一主体已经离开了我们：它已被去中心化了，已经穷途末路了、已经死了。然而，这种“不久前刚向全世界傲然宣告”(Laclau，1995，p. 93)的主体之消亡，已然被一种对主体性与身份问题的普遍的、新的兴趣接替。正如欧内斯托·拉克劳(Ernesto Laclau)所言，首字母为“S”的主体之消亡可能是这种兴趣更迭的前提条件。他写道，也许正是“将多样的、具体的、限定的主体性超验化已不再可能，才使得人们有可能将注意力集中到多样性自身”(Laclau，1995，p. 93)。这样，主体就从宇宙的中心下移，开始关注当下的种种论争以及实践上和政治上的兴趣点。所以， 34 今天我们所见证的，正如拉克劳所言，是“主体消亡的消亡”，“主体自身消亡之后的重生”(Laclau，1995，p. 94)。

在本章中，我探讨了所谓主体消亡对教育的影响。在本章的第一部分中，我讨论了一些事实上非常关键的问题。通过阅读福柯的作品，我指出，关于主体消亡的讨论——或者用福柯的话说，是人的终结——应被理解为一种对**人本主义**的批判，即对于那种认为界定人的本质具有可能性这一观点的批判。我认为人本主义策略的一个主要问题在于，它仅仅把人理解为“什么”(what)——一种“物”(thing)——但是永远不把人理解为“谁”(who)。人本主义仅仅把个体的人看作一些更为普遍本质的例证而已，却永远不能从人的唯一性与独特性上理解人。在本章的第二部分中，对于人的主体性问题，我认为，人作为一种独特的个体是如何以及在何处“入场”的方法值得关注：我们是通过与我们相异的他者建立关系而入场的；从这种关系的伦理之维中，我们将会找到使我们与众不同，进而成为唯一的、独特的人的原因。

教育的主体

启蒙、现代性以及教育“筹划”之间的密切联系由于后现代主义与教育的讨论而变得日益清晰。罗宾·厄舍(Robin Usher)和理查德·爱德华兹(Richard Edwards)认为，现代教育是启蒙的“乖乖仔”。它是“批
35 判性理性、人的个性自由以及善德的进步等启蒙的理念得以体现与实现的工具”(Usher & Edwards, 1994, p. 24)。在厄舍和爱德华兹看来，教育过程的理论基础“建立在具有实现自我激励、自我指导之内在潜能的某种主体所拥有的人本主义理念之上”(Usher & Edwards, 1994, p. 24)。这种教育过程具有典型的现代性，主要在于教育的任务被理解为“发掘”或帮助实现这种潜能，“主体就能彻底成为自主的人，进而得

以八仙过海、各显神通”(Usher & Edwards, 1994, pp. 24-25)。这正是康德把启蒙界定为“人运用自身的理智，从自身招致的未成熟中解放出来”的本意(Kant, 1992[1784], p. 90)。

教育应当发掘人的理性自主，这一观点至今仍然影响着教育实践。这种影响绝不亚于发展心理学对于教育理论和实践的影响。在皮亚杰的研究中，理性自主为认知发展的最高阶段，也是认知发展的理想结果。而在科尔伯格那里，它是道德发展的最高阶段。这样，对于人之为人意味着什么这一问题的现代性解读成为我们理解一般人的发展的部分理念，进而使从标准中甄别偏差成为可能。在诸如迟钝的认知与道德的发展、学习困难、特殊教育需要等观念中，我们可以看出这一点——这些观念已然全面影响了教育体制。理性自主的观念，尤其理性自主是启蒙运动的马达这一观点，也在教育的批判性方法上扮演核心角色(Mollenhauer, 1964; Mclaren, 1997)。

从政治上来说，现代教育筹划的崛起与市民社会的诞生是同时发生的(Bauman, 1992, p. 3)。教育在由他律他治(神、教堂、国王)嬗变为自主自治的过程中扮演了历史性的角色，不仅因为“通过教育而启蒙”的倡导成为可能，更多的是因为一种宣告：为了达到自主自治的状态，教育是必需的。康德在其论教育的文章中宣告：人只有通过教育，才能成为人，即成为自主的人(Kant, 1982, pp. 697-699)。 36

从哲学上来说，支持跨越“我们现代性的门槛”(Foucault, 1973, p. 319)的是这样一种传统：认知主体—我思(Ich denke)，即认知意识被认为是现代性的起点与基础。这一“意识哲学”的传统在康德的超验哲学中达到顶峰：认知意识——我思——被看作“理智甚至所有逻辑的使用、超验哲学都应归功于此的制高点”(Kant，1929，p. B134)。

意识哲学的传统尽管仍然在现代哲学中占据中心位置，但作为其起点与基础的我思的理念，早在后现代思潮勃兴之前就一直受到挑战。黑格尔就曾质疑意识哲学的体系，他认为社群不是压制原先孤立个体的外在的因素，而是在某种意义上对个体的一种建构。20世纪，黑格尔的直觉被诸如杜威、米德(Mead)、维特根斯坦以及哈贝马斯所接受，他们都反对把我思看作起点与基础的观点，而把主体间的社会实践置于首位(杜威：交往；米德：符号互动；维特根斯坦：生命的形式；哈贝马斯：交往行动)。

从意识到主体间性这一步，对西方哲学的变迁产生了重大影响，
37 因为其开启了理解主体性，尤其是主体与主体之间关系的新异的方法。在意识哲学传统中，我思先于我与世界的相遇，更准确地说，我思，比照我与世界——一个包括其他主体的世界的相遇，更具有认识论上的优先性。在这种体系下，他者首先作为我的意识的客体、我的经验与知识的客体而出现。在20世纪哲学中，主体间性的“转向”对我思之明显的不证自明性进行了质疑，打开了理解人的主体性的新路径。尽管从意识到主体间性的转变提供了一个参考框架，原则上使克服意识哲学传统中内在的与他人关系的问题成为可能(Wimmer，1988)，但是，这种转变在某种意义上仍然与它致力于克服的传统纠缠不清。问题在于，只要我们继续认为主体间性是一种关于人的主体的新理论或新的真理——这体现在一些流行的观念中，比如，人是关系性的存在、

历史性的存在、社会情境性的存在或社会建构性的存在——那么，在理论化水平上，我们还并没有突破那种意识的总体化表达方式，即宣称意识能对主体实现总体性把握的思维定式。

人的终结

最近出现的关于“人的终结”以及“主体的消亡”的讨论，是对意识哲学传统的一种干预。尽管福柯并不是唯一强调上述观点的“后现代”哲学家，但是他的作品在这一主体迷失的讨论中起到了关键的作用。福柯在《词与物：人文知识的考古学》(*The Order of Things*: *An Archaeology of the Human Sciences*)一书中提出，我们今天认识的人，既是“知识的客体，也是了解这些知识的主体”(Foucault, 1973, p. 312)。 38
这一观念，是“新近的发明”(Foucault, 1973, p. 386)。他认为“人”的凸显是19世纪早期古典时代进入现代的标志。福柯认为，在古典时代，人仅仅是其他存在中的一种存在，在事物的神圣秩序中拥有自己的一席之地。当人们对这种神圣秩序以及人在其中的地位不再有坚定的信仰时，人的有限性开始凸显并广为人知。福柯认为，让人惊异的是，对人的有限性的认知，并没有使人自怨自艾。在康德哲学看来，正是人的有限性造就了所有知识的可能性。福柯提出一种“**有限性分析**”的方法，并将这种尝试看作界定现代性的方法。康德的“经验—超验的一体两面”(Foucault, 1973, p. 319)的人学表达与有限性分析正相呼应：人既是所有存在中的一种经验的存在，又是所有经验知识的超验性条件。这种人的一体两面性是“通向现代性的门槛”的标志(Foucault，1973，p. 319)。

在福柯看来，人的现代性概念由于其内在的矛盾性，从一开始就注定了要失败。他指出，把人的主体性分为“积极的”(作为有限性的人的主体性)和“基本的”(作为所有知识的可能条件的人的主体性)这两类主体性；肯定两者并存，同时又主张两者存在差异，要完成这一任务即使不无可能，也是很艰难的。现代哲学一度受其拖累(Foucault，1973，p. 319)。在现代知识框架下，首先，人与其他事实一样，是需要经验来证实的，然而人也是所有知识的可能性的条件(如康德的哲学)；其次，人被他所不知道的事情围绕着，然而人却是富有潜力的清醒思考者，是所有智能之源(如在胡塞尔[Husserl]与弗洛伊德的作品
39 中)；最后，人是悠久历史的产物，人却永远不能触及历史的源头，然而吊诡的是，正是人成为那段历史之源(如在海德格尔的著作中)(Dreyfus & Raboniw，1983，p. 31)。相比人是一种新近的发明这一断言，更为重要和更具争议的是福柯从他的研究中得出的结论。福柯认为，因为人的出现与现代性的知识有着密切的关系，所以有充分的理由做出预测：人正如“海边沙滩上所画之脸”(Foucault，1973，p. 387)一样将最终走向消亡。

人的终结这一特定术语，使福柯的作品一直被认为是对人的主体性的颠覆。但是，只要仔细分析福柯的观点，就能发现人的终结观中至关重要的不是“如此这般”的人的最终消失，而是一种特定的关于人的主体性现代阐释的终结。福柯关于人的终结的断言，仅仅关注一种

特定的主体以及在特定的时期和背景下为了特定的目的而生成的一种特定的主体性的终结。这并不是说，福柯的批判仅仅针对这种主体性的特定理论，期待一旦我们有了新理论，一切问题都得以迎刃而解。福柯的批判指向的是那种更为普遍的策略——“你先树立主体的理论，进而提出问题，比如，这种知识及其形式何以可能”(Foucault，1991，p. 10)。福柯所反对的是对于主体的任何一种先验的理论，即不把该主体自身的理论化活动计算在内的关于主体的任何理论。他认为，因为这种理论预设了客体，就不能再作为分析工作的基础。这并不是说，分析工作不能有概念建构。但是福柯提醒我们：“概念化的客体不是一个好的概念化的唯一标准。”(Foucault，1983，p. 209)

所以，福柯关于人的终结的论述不仅仅是对现代哲学所谓不言自明 40
的我思的批判，它着重批判的是现代哲学更为一般的问题：哲学的基本问题在这里变成了人类学的问题，即“什么是人”的问题(Foucault，1973，pp. 340-341)。福柯的批判指向现代哲学的人类学架构：“人在本质上是什么？这一问题的临界分析，成为通常可以诉诸人的经验的、对万事万物的分析。”(Foucault，1973，p. 341)福柯的批判也指向康德所带进当代哲学的“人类学的休眠”(Foucault，1973，p. 340)。简而言之，福柯批判的是现代性的人本主义基础(Simons，1995，pp. 42-50)。

正是在这一点上，福柯对于人本主义的批判呼应了海德格尔与列维纳斯的研究。我在本书的序言中提到，海德格尔对于人本主义的批判指向的是人本主义是形而上学这一事实：“或基于形而上学，或其本身成为形而上学的基础”(Heidegger，1993[1947]，p. 225)。这使我们不可能充分关注人的人性问题，因为“人的本质的每个决定——已然预设了人的一种解读，却没有顾及人的真实情况”(Heidegger, 1993[1947], pp. 225-226)。所以，人本主义的问题，在海德格尔看来，是其“没有把人的人性放到足够高的位置”(Heidegger, 1993[1947], pp. 233-234)；人本主义的问题，在列维纳斯看来，是其“不够”人性。对于列维纳斯来说，人本主义仅仅把人的主体看作一个更为普遍的人的本质的特例而已。人本主义仅仅“在它所属的类群体系——人的类群之下”去理解人(Levinas, 1998b, p. 189)。所以，主体永远难以显示其“独特性”(Levinas, 1998b, p. 189)，也难以显示其个体性，即“此种”个体(Levinas, 1998a, p. 26)。福柯试图让我们认识到，摆脱困境的方
41 法不在于主体的新理论，而在于寻找解读人的主体性问题的新路径。

在福柯本人的研究中，“路径”一词是从字面意思上使用的。他认为，要克服人本主义所需要的不是新理论或新教条，而是一种截然不同的态度或者哲学“气度”(Foucault, 1984, p. 42)。福柯将这种“气度”称为一种具有批判性、历史性的“我们自身的本体论”，并把它看作以可能的僭越为形式的、十分实际的批判模式(Foucault, 1984, p. 105)。他把僭越界定为“对于引领我们建构自我、引领我们把自身看作所做、所思、所说的主体的事件的一种历史性调查，目的是从决定我们是什么人的偶发事件中、从我们无法掌控自身个性、无法自主做事与思考的可能性中摆脱出来”(Foucault, 1984, p. 105)。这意味着僭越具有彻底的试验性。“我们在自身的界限范围内所做的工作”不仅务必要接受历史的考证，而且还务必将自身植入当下的现实进行检验(Foucault,

1984，p. 105)。僭越应当被认为是一种对强加到我们身上的界限的检验，这种检验具有历史性、现实性和非普遍性。它也是“具有超越界线之可能的一种试验”(Foucault，1984，p. 108)——尽管我们应该铭记：超越界线并不意味着进入一个无限之境。关键是开发出不同的方法，或者促进我们“是我们所是、做我们所做、想我们所想”。

这表明，尽管克服人本主义的方法在关于人的主体性的新理论中无法找到，但我们也不应该停止思考。所以我们可以这么说，我们所需要的与其说是“寻找人的主体性”是什么这一问题的答案，不如说是寻找明确表达这一问题的新方法。在下文中，我将建议这样的一种路径，即从何为主体的问题过渡到作为特殊存在的主体在何处入场的问题。

谁在主体之后?

在《谁在主体之后》(*Who Comes after the Subject?*)(Cadava, et 42
al.，1991)一书中，杰勒德·格拉内尔(Gerard Granel)认为，现代哲学的主体，或以“超越的主体性”形式，或以“历史的一般主体”形式，从来没有被当作为“谁”，而是一直被当作为“什么”，当作“物”(Granel，1991，p. 148)。主体是什么这一问题寻求的是主体的一般定义，而主体是谁这一问题寻求的则是作为独特个体的主体之存在的身份。正如让-卢克·南希(Jean-Luc Nancy)在其书中提到，主体是“谁”的问题常常被当作“谁”的“什么”问题(Nancy，1991，p. 7)；人们一直着手处理的任务是发现“什么”——主体的物质，作为物质的主体——这构成了“谁”的基础，导致了“谁”成为“什么”。南希认为，如果我们想认真对待“谁之问”，我们需要利用一种不同的路径去处理“谁”的“谁之问”(Nancy，1991，p. 7)。他说：“但这也是一个问题：谁是谁？不是‘什么是谁?’——不是本质的问题，而是身份的问题。(如同有人在一组人的照片前询问你认识谁的名字而不是他们的脸：‘谁是谁?’——这个是康德？那个是海德格尔？旁边那人又是谁?)”(Nancy，1991，p. 7)

南希认为，这是一个在场的问题——“谁在那里？谁在那里出现了?”可是，这是“存在之物的在场，它不是本质”。所以他认为我们不应该关注主体如此这般地在场，而应该关注主体的入场。在场毕竟“发生了，这就是说它入场了”(Nancy，1991，p. 7)。南希写道：“在一片荒芜之地(甚至仅有一片荒芜)，某物，某人来了。”“因为它‘来了’，而不是因为它的实质统一体：到来的她、他或它，其到来都具有独特性，
43 但其‘自身’却是可重复的。”(Nancy，1991，p. 7)如此观照人的主体性问题，将该问题看作关于作为独一无二存在的主体——作为某人在何处入场的问题，使我们不再视人的主体为一种物或质的存在。这使我们关注入场的独特性，而不用在“其”入场之前说明在那里的是“什么”。那么，主体究竟在何处入场？其如何能作为唯一的、独特的存在而入场？对这些问题的解答，需要讨论四个不同的空间概念。

客观空间的虚拟现实

主体何在这个简单的问题，在西方思想史上有着悠久的历史。上

帝向亚当提的第一问题“你在哪里?”就是一个定位的问题，这一问题并非毫无意义(《创世记》3∶9)。在劳拉·库尔干(Laura Kurgan)的文章《你在这儿：信息的嬗变》(“You Are Here：Information Drift”)中，她指出，“我在哪里”这个“所谓令人头疼的”问题终于有了明确的答案(Kurgan，1994，p. 17)。答案就是全球定位系统(GPS)，人们设计出了一个由24颗卫星以及5个地面工作站组成的网络，为持有移动接收器的任何人，无论何时何地，在何种天气条件下，都能提供高度精确的定位。GPS保证人与车永远不会丢失；保证世间静物，不管电线杆，还是湿地，抑或是私宅，将会被永远固定下来；保证导弹、炸弹精确攻击目标(Kurgan，1994，p. 18)。正如保罗·维里奥(Paul Virilio)所言：“GPS有助于业务流程操作的严谨性，但最为重要的是，为避免激起一连串的灾难影响公众意见，在全球视角下的冲突中，战争物资与 44
武器的定位需要导航和完美的惯性巡航，普通定位与武器定位之间需要完美的自动校验，这在政治上并不能被支持。”(Kurgan，1994，p. 23)

不难看出，GPS所带来的空间的客观化与主体位置的问题和主体何在的问题的确切答案相距甚远。GPS仅仅是相对于卫星和地面工作站系统而判定某人在哪里。这意味着对于GPS来说，要想能提供有效的指引，它首先需要依据自己的坐标重新确定“真实的”世界。如果是这样——库尔干认为GPS的确用“我站在哪个像素上”取代了“我在哪里”这个问题(Kurgan，1994，p. 42)——那么，GPS并没有为**地球**上的“我在哪里”这个问题提供答案，而是为**地图**上的“我在哪里”提供了答案。GPS只是依据自身在系统中的位置，提供了一个解决方位问题的方法。为此，它需要把“真实的”世界翻译为GPS的世界，这就使得真实的世界成为虚拟的现实。GPS反映了客观或绝对空间观点的问题，也反映了其不能兑现自己的承诺——为“我在哪里”这一问题提供最终答案。

建筑的空间：分离空间

人们通常认为建筑为空间理念提供了一个范例。在传统建筑概念中，空间是**功能性**空间，其最基础的功能，就是提供居所。在彼得·艾森曼(Peter Eisenman)看来，功能与形式之间的关系，在文艺复兴至20世纪以来，一直都是建筑的一个最典型的特点。功能，作为工业化的产物，越来越比形式更为重要。20世纪，功能导致了“形式追随功能这种过度简化了的公式”(Eisenman，1976)。艾森曼认为，建筑
45 从来没有真正离开功能主义者的道路。建筑从来没有成为艾森曼所界定的“现代”，即“代替人、远离人的世界的中心”(Eisenman，1976)。如果建筑从来没有现代，如艾森曼所言，那么它也就从来没有过后现代。然而它却能够成为**后功能**的建筑。

这种建筑的后功能概念的一个例子，我们可以从建筑师和建筑理论家伯纳德·曲米(Bernard Tschumi)的作品中找到。曲米挑战那种把建筑看作“钉钉卯卯”“修修补补”的传统观(Tschumi，1994a，p.10)。他挑战把空间看作“一种既定、一种物，通过特定的项目实现供给或满

足需要”这种建筑的空间观(Tschumi，1994a，p. 10)。简而言之，他挑战基于效率模型的功能主义建筑概念，即“空间及其用途之间的完全一致性”，在那里，“楼宇，我们的旧机器，都有指定的用途，回应这些用途，必须要‘运转起来’”(Tschumi，1994a，p. 12)。

与形成功能性空间——人们认为通过建筑来组织空间，规定了空间的用途，所以超过这种规定的任何活动只能是误用或故意扰乱——的建筑概念相反，曲米主张将建筑定义为“空间与活动的令人愉快的、时而又猛烈的一种对抗”(Tschumi，1994b，p. 4)以及“空间与事件的同步”(Tschumi，1994b，p. 22)。曲米并不把空间与用途之间的不一致性理解为一种失败，他认为建筑的优点就在于这种“空间与用途的因果关系(想象的)之间所存在的不一致、分离、失败之处”(Tschumi，1994a，p. 11)。建筑与事件“不断地僭越彼此的规则”，正是这种相互的僭越—分离——应当成为我们理解建筑的核心。“建筑的理论，”他总结道， 46
“是一种秩序的理论，却被其允许的用途威胁。反之亦然。”(Tschumi，1994b，p. 132)

曲米认为，那种把建筑看作构建功能性空间的理念，并不全面。他建议我们应该同时把建筑理解为空间和事件。这意味着功能性空间的割裂和因果关系的不一致，是建筑的组成部分，正是这使得建筑成为现实的可能。他甚至认为，“没有事件，就没有空间”(Tschumi，1994b，p. 139；Tschumi，1981)。我们可以说，**承蒙事件的发生**，空间才得以存在。从定义上来看，事件是指那些既不能为建筑程序所预知又不能被其控制，但会与其“交织”且被其赋能的意外之事。

曲米的空间概念——我将这种空间视为分离空间(disjunctive space)——为我们提供了一种对于空间既非客观主义的，也非现象学的理解。后一点与前一点同样重要，因为尽管曲米对建筑空间的理解旨在赋予积极贡献的主体一个中心角色，但他并没有降低其建筑空间概念到主体个人的、现象的空间体验上来。建筑空间将被发现(我们也可以说：存在，入场)于空间与事件的分离之中。所以，曲米既不会认同主体进入前“纯粹”空间的存在，也不会认同在主体进入空间之前“纯粹”主体的存在。分离空间是一种不断地双向僭越和被其允许的用途所威胁的秩序。正是在分离的时刻，主体、使用者和空间滥用者，得以入场。

曲米的建筑空间作为分离空间的论述，在回答作为个体存在的主体如何入场这个问题上，是有用的第一步。这是因为，他揭示了主体
47 入场的方位或空间不是简单的一种环境或者“外在”于主体的背景，但是这种空间以一种复杂的、分离的——我在第四章中会详细讨论，还是解构的——方式联合主体的入场，正如主体自身以一种同样复杂的方式与空间的入场联合一样。可是，曲米的理论中缺少了主体入场空间的社会维度的意识。对此，我需要在我的讨论中增加另一个“层面”，以进一步探讨主体间性空间的理念。

他者的空间：主体间性空间

主体间性空间的观点并不是指重回我力图克服的立场，即主体间

性的人本主义的理解。主体间性空间的观点更是一种方法，强调主体作为独特存在、作为**某人**的入场，只能在我们非严格指称的社会情境中发生。我在本部分想强调的是，某人是谁的问题不能通过内省解决，需要与他者相遇。理解其中深意的方法之一是借助汉娜·阿伦特的**行动**概念——对此概念，我将在后续章节中详细阐述。

在汉娜·阿伦特的《人的境况》(*The Human Condition*)(Arendt, 1977b[1958])一书中，她对劳动(labor)、工作(work)和行动(action)三个基本的人的活动做了区分。**劳动**是人“与人体的生物过程相契合”的活动；**工作**是与“人的存在的非自然性”相符合的，因为它提供了一种“人为的物质世界，与自然环境截然不同”；**行动**是“没有物质中介，直接在人与人之间发生的唯一的活动”(Arendt, 1977b[1958], p. 7)。

行动，在通常的意义上，首先意味着主动性，也就是说，开始去 48
做。所以，行动与人的**出生**有着密切的关系。“出生蕴含着新的开始，世人皆知，仅仅是因为新生命具备了重新开始的能力，即行动的能力。”(Arendt, 1977b[1958], p. 9)阿伦特认为，如果人类是“同模的复制品，其本质恒定不变，与任何他物的本质一样可以预见”，那么活动将是“非必要的奢侈”，以及“对基本行为准则的肆意干预”(Arendt, 1977b[1958], p. 8)。但是阿伦特强调，人类**不**是“同模的复制品”，“没有人和别人一样，不管过去、现在还是将来，从这个意义上来说，作为人，我们又都是一样的”(Arendt, 1977b[1958], p. 8)。正是通过行动，我们公开了我们的“特异性”，我们“积极展现了我们独特的个人身份”(Arendt, 1977b[1958], p. 179)。

我们的特异性得以公开，其关键在于，它展现的**不**是一些已然存在的身份。阿伦特强调，当人用言行公开自己时，没人知道他展现的是谁。而这在行动中就变得清晰起来——对他人、对自身都是如此(Arendt，1977b[1958]，p. 180)。然而，行动的关键之处在于它对“那些自己能够行动的”人有影响(Arendt，1977b[1958]，p. 190)。正当我们努力地把我们的开端带入世界，他者也在努力地把他们的开端带入世界。仅当我们的开端为他者——有能力做出自己的行动的他者——所接受，我们才能进入世界。这意味着在行动中被公开的人，不应该被理解为“作者”或“生产者”，而应该被理解为一个**主体**。该主体具有双重含义，即作为开始一种行动的主体和忍受后果的主体(Arendt，1977b[1958]，p. 184)。但这种“忍受”是一种必要的忍受；在这一境况下，我们的开端才能够进入世界。因为人在行动中公开了自己，也因
49 为行动对那些能够做出自己行动的人起作用，所以行动的领域是“无限的”“根本不可预言的”(Arendt，1977b[1958]，pp. 190-191)。这就是行动在只存于人们中间的领域里公开主体身份总是蕴含着风险的原因。

阿伦特的行动理念清晰地指出，主体为“谁”的问题，只有通过关注主体如何将其开端带入世界的方式才能够回答。也就是说，关注主体入场的方式。她还认为，我们能入场的条件是，我们所作用的人有能力做出自己的行动。入场——这是我讨论的第一步——意味着进入一个由他者组成的多元和差异的世界。所以行动并不是简单地置身于世界之中，强迫自己的开端作用于他者(这在阿伦特的词汇表中会是工作而不是行动的例证)。阿伦特的行动观就是，如果我们行动的**同时**他

者也在行动，也就是说，如果他者也能够将其开端带进世界的话，我们才能行动。这是她强调“多元性是人类行动的条件”的原因(Arendt，1977b[1958]，p. 8)。因此，阿伦特的行动观反映了对主体入场的复杂性的承认，这种复杂性与曲米将建筑空间理解为一种分离空间很相似。入场不只是向世界展示自我的过程。入场与这样一种开端方式有关，即在一个充满其他开端者的世界中，他者开端的机会没有被阻断。所以，入场是对不同于我们的他者的一种展示。它是对一种如南希所说的“没有社群要素的”社群的展示(Nancy，1991，p. 8)，是对那些与我们相异之人的社群(我将在下一章中详述)的展示。但是，到底是什么令我们在入场中具有独特性？我们如何能作为一种独特的存在进入世界？为寻求这一问题的答案，我现在从列维纳斯的著作中寻求灵感。

责任的空间：伦理空间

列维纳斯提出的一个观点与主体间性空间这个概念的主旨甚为接 50
近，即在根本上，我们原初的世间存在是与他者在世间共生的存在。列维纳斯先是批判西方哲学，进而提出自己针锋相对的观点：在西方哲学中，**我思**，或者意识，被认为是首位的；自我与世界、他者之间的基本关系被认为是一种认知关系。可是列维纳斯想挑战这种认为“个体的人——是通过意识而成为人的”所谓“西方传统的智慧”(Levinas，1998b，p. 190)。他想挑战“主体与意识是对等的概念”这一观点(Levinas，1989a，p. 92)。为此，他主张主体是关系中的人，这种关系“早于自我意识，先于规范原则”(Levinas，1989a，p. 107)。这种关系既不是知识的关系——因为尚无能够认知的自我意识或意识，也不是行为。列维纳斯将其概括为伦理关系，是一种对他者负有无限责任的关系(Levinas，1989b)。

列维纳斯认为，这种对他者的责任不是一种我们能选择或无视的责任，因为选择或无视成为可能需要一个条件，即在我们被嵌入这种关系之前，就已经具有了自我意识。在这个意义上，对他者的责任“无须事先承诺以证明其合理性”(Levinas，1989a，p. 92)。列维纳斯将这种责任描述为“一种义务，早于任何承诺”，“要比先验还早的先在性”(Levinas，1989a，p. 90)，“早于进入记忆的意识时间”(Levinas，1989a，p. 96)。他还将这种责任关系指称为“无政府主义的”(Levinas，
51 1989a，p. 92)。他想借此强调对他者的责任是对他者的一种没有任何原则考量的关系(Levinas，1989a，p. 92)。他将其称为“热情”，认为这种热情之所以是绝对的，是因为其无须任何先验而能自立(Levinas，1989a，p. 92)。他解释道：“接着，意识受到影响，在对将要到来者形成印象之前，不由自主地受到了影响。”(Levinas，1989a，p. 92)列维纳斯把这种关系称为痴迷，并将其观点概括为一句尽管令人不安但却非常简单的话：“主体是人质”，痴迷于“主体做决断时引发的”责任(Levinas，1989a，p. 101)。

列维纳斯与阿伦特在此达成一致观点，认为我们原初的存在是一种与他者共生的存在——我们与他人同在比我们自身更早；在我们是某人之前，我们就是为他人存在的——列维纳斯更进一步强调，与他

人共生是一种**伦理上**的与他人共生，其特点是负有原初的责任。在这个方面上，我们说主体入场的空间是一个伦理学的空间。可是，列维纳斯所讨论的伦理学不是传统意义上的伦理学，即不是基于自我决策的伦理行为，这点无论如何强调都不会过分。“自我意识不是如同物质带有某些属性一样，天赋地拥有某些道德特质的存在，也不是在其生成中所偶然形成的道德特质。”(Levinas，1989a，p. 106)

好像我们不能够选择关心他人与否，因为这个问题意味着“是否已经有人假定，自我意识只关心自己”(Levinas，1989a，p. 107)。列维纳斯所否定的恰恰就是这个假定。主体**不**是人自主发起之物(Levinas，1989a，p. 95)。它不是“一个抽象的点”或者“旋涡的中心”，它更是“一个已经被外界所认同的点”(Levinas，1989a，p. 96)。正是“一种无法逃避回答的指定，指定了自己成为自我”(Levinas，1989a，p. 96)。 52

所以我们可以说，正是他者对我们的“召唤”，我们才得以成为自我。敦促我们成为独一无二的这种召唤，不是普遍意义上对人类的召唤，他者所召唤的是**我**。列维纳斯认为，人自身“不能够从指定中悄悄溜走”，这种指定不是指向普遍大众的，因为“只有我”才是人质(Levinas，1989a，p. 116)。这是“一种特权或不合理的选举，选择了我而不是自我意识”(Levinas，1989a，p. 116)。所以，人自身“与真理的识别不同，不能按照意识、话语和意向来阐明”(Levinas，1989a，p. 96)。人自身具有一种“先于特殊与普遍之差别的特异性”，因此“是不可言说、不可理解的”(Levinas，1989a，p. 97)。在这个意义上，列维纳斯认为，人自身**不**是一种存在，因为作为一种存在，它仍然是一种物

(Levinas, 1989a, p. 117)。人自身"超越活动与激情的惯常表现，存在的身份在其中得以维系，在其中它才是其所是"(Levinas, 1989a, p. 104)。所以列维纳斯认同主体在主体间性空间中入场。他进而认为，因为主体发现自身处于不能为任何别的人所代替的情境之中，所以作为特异之"存在"的主体、作为"自身"，实现了入场。正如阿德里安·佩佩尔扎克(Adrian Peperzak)所言，"对于他者而言，我是一个人质，没人能代替我的位置"，正是这种境况，"构成了我这种独一无二的个体"(Peperzak, 1991, p. 62)。我的主体性隶属于他者，简单地说，这意味着，对于列维纳斯而言，"主体是受他者影响的"(Critchley, 1999, p. 63)。

结 论

我在本章中探讨了在所谓主体消亡之后，我们应该如何解读主体这一问题。我认为在关于主体消亡和人的终结的断言中，关键不是人的主体如此那般地消亡，而是对人本主义的批判，对何为人的本质进行界定之可能性的批判。与福柯一样，我认为，为了克服人本主义，我们不应该重新追寻关于人之主体的真理，而应该正视解读主体性问题的新方法。在我看来，与其寻找人的本质或实在，不如去追问作为独特个体的人在何处入场。我在本书中关于客观空间的论述指出，当入场的空间只能把主体归入某一特定点或归入地图上的一个点时，任何人都无法入场。正如分离空间的观点所揭示的，独特的个体的入场，

53

空间对此无法控制，“干预”是必要的。这种干预不应该被看作一种烦
扰，一种威胁空间纯粹性之物，而应被当作入场的标志。主体间性空
间的论述指出，入场不是人自身能够实现的，人能够将人带入这个世
界，但人为了进入这个世界，需要一个由他者构成的世界。这意味着，
社会性空间、主体间性空间并不是我们最终能够看到以及发现真正自
我的一面镜子。主体间性空间，我们可以说，是一个“令人困扰的”空
间，但这种困扰是必要的，它会使我们进入这个世界成为可能。伦理
空间的论述认为，早在我们成为能够有所担当的行为者、认知者、自
我之前，我们已经被比自我更早的责任从外部识别和定位了。在这一
指定中，“使”我成为独一无二的存在的，不是我的身份，不是我独有 54
的一系列素质，而是我担当责任以及我不能从这一指定中脱离这一事
实。有意思的是，伦理空间的论述认为，关于主体的第一个问题不是
“我在哪里”，而是“你在哪里”。第二个问题使我们与众不同，从根本
上来讲，正是这个问题才能够被理解为一个教育的问题。这个问题召
唤作为独特的存在，作为一个个体“我”进入世界。这个世界，正如我
在本章中所强调的，是一个必然多元和差异的世界，是一个他者的世
界。在下一章中，我会谈到我们如何理解这个世界的问题。

/第三章　相异之人的社群：教育与责任的语言/

55 何为社群？何者构成了社群？在《相异之人的社群》(*The Community of Those Who Have Nothing in Common*)一书中，作者阿方索·林吉斯(Alphonso Lingis)指出，“社群”通常被认为是由一些有共同之处的个体构成的——共同的语言和概念体系——然后一起营造一些共享之物：国家、政体、制度(Lingis，1994，ix)。这种社群的一个特例是林吉斯的所谓**理性社群**。理性社群不是简单地由共同的见识、共同的行为指南和共同的信仰所构成的，在更大意义上，它是由一种共同的话语所催生出来，并与共同的话语相辅相成的(Lingis，1994，p. 109)。在理性社群中，“个体的见识建构于普遍性范畴之中，以至于这些见识
56 脱离了首创者的时空线索。共同的话语是一种理性体系，在理想的情况下，在该体系中所说的一切，都关涉理性话语的法则与理论”(Lingis，1994，p. 110)。

成为理性社群的一员，人就作为“理性代理人”代言了，即成为“共同话语”的代表(Lingis，1994，p. 110)。我们以理性社群代表的身份发言，按照林吉斯的话说，进行的就是一场“严肃的演说”(Lingis，1994，

p. 112)。“其中的严肃性在于理性命令的权重决定了将要言说的内容”(Lingis, 1994, p. 112)。所以，在严肃的发言中，所讲的内容是至关重要的。医生、兽医或电工在发言时，也应当遵循其所在社群的理性话语的原则与规范。

然而，这意味着我们言说的方式——“由具体哪个人、具体哪种声音来言说，要说什么内容，都是无关紧要的”(Lingis, 1994, p. 112)。“之所以如此，是因为所讲的内容均存在于公共图书馆的文献里，抑或已然体现在理性话语的支配性范畴、理论以及方法之中”(Lingis, 1994, p. 112)。在理性社群中，我们都是可以相互代替的。由谁来发言并不重要，只要所讲内容“有意义”。所以，理性社群为人们提供了一种沟通的方式，但这是一种非常特殊的方式。通过这种方式，人们的见解和洞见被非个人化了，代之以共同的理性话语；我们作为一个代言人、发言人来发声，泯然于众人之中，说那些不得不说的人云亦云的内容(Lingis, 1994, p. 116)。

教育的角色——学校和其他教育机构的角色——在于构建和生产理性社群，认识到这一点并不会困难。很多人可能会倾向于认为，这是学校主要的，甚至可能是唯一的使命，是我们之所以重视学校的唯一理由。当从这个视角来看待教育，我们能够看到，学校并不仅仅为学生提供一种声音，并不仅仅教会他们去言说。学校为学生提供的是 57
一种特别的声音，即通过课程展示出来的理性社群的声音。为此，学校不仅让某些言说方式合法化，而且也让其他的言说方式非法化。(正如教育社会学家所指出的，这解释了有些学生为了在教育体系中获得成功，不得不比其他学生忘掉更多的内容。)

现代社会：现代社群

林吉斯主要依据认识论来描述理性社群。对于他而言，理性社群主要是对理性知识之理解的延伸，或是某些人所持有的对理性知识目的之理解的延伸(Bloor，1976；Barnes，1977；Apple，1979)。如果从社会学的视角来看理性社群的理念，我们可以认为这种社群具备了齐格蒙特·鲍曼所谓现代社会的很多典型特征。(我在这里用单数形容社会，因为最终只能有一个理性的社会，见下文)。

鲍曼把现代社会形容为**秩序**之邦。他认为，现代的“筹划”意味着将个体从“继承的身份”中解放出来，以赋予他们“一个完完全全的开始，让他们自由选择他们想要的生活，让他们在完全合法的政权所颁行的法律体系下自由谋生”(Bauman，1995，p. 203)，现代国家试图解放人们脱离其前现代的处境。要做到这一点，只有一条路，就是通过提升个体以**超越其所有的传统性**。这不仅意味着国家需要参与一系列“怀疑、否认、根除社群与传统的中坚力量”(Bauman，1995，p. 203)，
58 而且意味着为建立后传统的秩序，该国务必要由一个后传统的单一视角指导。

同样，在这一进程中，认识到现代教育的角色也并不困难。因为现代教育一直被理解为将儿童和学生从其固有身份的“当下和特定中超越出来”，进入现代社会有秩序、有理性的领域(Bailey，1984)。的确，

现代教育的理念，正如我在前面几章中论及的，是使儿童与学生从其本土的、历史的和文化的境遇中“释放”出来，并引领其与一种普遍的、理性的观点相遇的过程(Biesta，2002b)。

鲍曼对现代社会的描述的关键，不仅在于其从经验性的层面为我们提供了理性社群的可能图景，认为现代社会最终能被理解为理性社群，而且还展示了这种现代社会的理性社群，以及随之而来对待外来者，即陌生人的一种非常特别的方法。陌生人，在鲍曼看来，是指那些“与本地的认识、道德、审美体系不相契合的人”(Bauman，1995，p. 200)。鲍曼认为，所有的社群都催生其自身的陌生人。可是，他强调既然现代社会基于单一性的、后传统的视角，那么就不能给它催生的陌生人留有位置(可能我们应该用过去时重复这一点)。“人的条件进步的普遍化”(Bauman，1995，p. 202)，鲍曼将其看作对现代社会和现代性的一种更为普遍的经典特性，对待其催生的陌生人有两种尽管相关但却不同的方法。第一种是同化法，鲍曼称其为吞噬(字面意思为食人)：“吞噬陌生人，消灭他们，然后新陈代谢转化为与我们自身组织一样的组织”(Bauman，1995，p. 201)。另一种方法是禁绝：“把陌生人吐出来，驱逐他们离开秩序世界，禁止他们与内部人有任何交流”(Bauman，1995，p. 201)。这是隔离策略，最终导致陌生人身体的毁灭(可能我们应该也用现在时重复这一点)。唯一没有考虑的选择是与陌生人永远共生的理念。鲍曼断定：“与陌生人共生的语用学不需要作为一个严肃的课题直接面对”(Bauman，1995，p. 202)。 59

我想强调的是，我在前面和后面所论述的，并不是因为他们是他者，是陌生人，就简单地认为所有的他者或陌生人都是好的，都应当被珍视与尊重。还有许多真实的、艰难的问题需要追问，如容忍的限度——谁不得不容忍谁这种问题。从之前的讨论中，我们能够领会到的最为重要的一课关涉方法，鲍曼借此帮助我们理解：陌生人，作为何为自我、适当、熟悉、理性的特定建构的结果，其如何生成的过程。这不是说所有的他者都是好的。何为陌生，依赖于何为熟悉，看到这一点是极为重要的。换句话说，陌生人，永远不是自然而然的范畴。

后现代的陌生人

如果我们将林吉斯关于理性社群的论述与鲍曼的现代社会描述相结合，我们能够看到，从这一社群的视角来看——对那些社群内部的人而言——与我们没有共同点的那些人，陌生人，是作为一个问题，作为需要克服之物而出现的：或使陌生人与我们相同，或使陌生人、
60 陌生人的特异性消失。可是，我们不应该忘记，如果我们认为理性社群是唯一可行的、唯一可能的社群，即用规范的术语来说，是“所有可能世界中最好的”，那么陌生人是一个问题这种结论就随之而来。有些人可能会认为，的确是这样，他们给出的原因——“教育”的原因——是仅当通过成为理性社群的一个成员，人才能够获得一种声音和一种言说的能力。只有摧毁陌生人，理性社群才能够存在的这种观点，对于理性社群的辩护者来说，可能并不喜欢，他们可能更喜欢增强同化的策略。(可能他们不能看到这总是意味着毁灭；可能他们想说这是为

了人类与人的条件的“进步的普遍化”而付出的代价。)

鲍曼对前述思路的回应，部分是经验主义的。因为他认为，我们“后现代”社会已经改变了太多，以至于陌生人被排除在外将不再具有可能性。后现代的陌生人，他写道：“就在此地。”(Bauman，1995，p. 213)鲍曼甚至以一种颇为乐观的语调认为，后现代社会已经成为嗜异性的(heterophilic)(Bauman，1995，p. 213)，因为我们的“后现代时代的标志是，几乎普遍地公认，差异不仅是不可避免的，而且是好的、珍贵的、需要保护和培养的”(Bauman，1995，p. 214)。可是他又急忙补充说，这不应该复归至“部落”的前现代多元性。因为在那种情况下，现代性筹划的本质主义，即最终有一种正确做事、思考方法的现代观点，将被另一种本质主义代替：“重新赋权成为一种新的夺权，解放成了新的剥削”(Bauman，1995，p. 215)。

鲍曼在后现代性中看到了“真正解放的机会”，即“放下武器，暂停旨在驱逐陌生人的边界冲突，拆除为保持距离和分裂而日日树立的小型柏林墙”的机会(Bauman，1995，p. 216)。但是，这种机会并不存在 61
于“重生的民族和或实或虚的部族传统的庆祝之中”(Bauman，1995，p. 216)，也不存在于如理性社群此类形式的“强盛社群”的回归，而存在于“通过揭露主体自我形成的复杂过程，揭示构成公民身份之内核的个体自由的境况，结束现代性‘抽离的’行动”(Bauman，1995，p. 216)。

鲍曼这里所主张的观点是，在“新的部族主义”中，我们只能确认我们自己和部落的身份，而后现代主义真正解放的机会在其中无从寻找。这种机会需要联系何为主体这一问题，该问题对于鲍曼来说，又与自由和公民身份密切相关。后一种联系，在鲍曼的《后现代伦理学》(*Postmodern Ethics*)中有更加详尽的探讨(Bauman，1993；Biesta，2004a)——显示出主体性，成为一个主体，不是必须与我们从属的部族发生关系(换言之，不与我们的身份有关联)，但与我们和他者，或者用鲍曼的话说，与陌生人同在的公众空间的表现有关。他写道：“人的共存机会依赖于陌生人的权利，而不是依赖于谁有权力——国家或者部族——决定谁是陌生人这个问题的答案。”(Bauman，1995，p. 216)

对于鲍曼而言，后现代性的解放可能只会在我们不同社群的“成员身份”中找到，我们在这个社群中对于彼此而言，都是某种意义上的陌生人。这个社群就是林吉斯所提及的相异之人的社群。

相异之人的社群

鲍曼的思路引发了诸多问题。有这样一个问题，即我们应该如何理解“没有社群的社群”(Derrida，1997)。具体而言，有一个关于发声
62 的问题：在理性社群的界限之外，何种声音、何种演说、何种言说是可能的？另外，还有一个关于教育能有何作为或者教育在这个系统中要做什么的问题。为寻找前两个问题的答案，我们需要回到林吉斯。

我们已经明确，理性社群是由共同的语言和共同的逻辑所构成的。它应充我们发声，却仅仅是一种代言。理性社群让我们能够言说，却

仅仅是运用那个社群的语言和逻辑去言说。尽管这的确关乎我们所说的**内容**，但它与**谁**说没有关系，因为在理性社群中，我们是可以互换的。那么，在理性社群“之外”，言说究竟意味着什么？如果我们想与陌生人讲话，和那些与我们没有共同语言的人讲话，我们能够用什么声音？

林吉斯考察了两种沟通的特定案例以寻找问题的答案。一个特定案例是关乎我们与生命垂危之人相处的境况。在这种境况下，我们能够说什么？在某种意义上，人试图所做的任何发声听起来都是空洞而虚无的。但是，在这种境况下言说的意义，在林吉斯看来，与我们说**什么**无关。说的内容无关紧要——尽管我们非常清楚我们不想说错什么。唯一且最为关键的是**我们要**说。这里的问题不是我们在言说上没有技巧，或者我们因为没有这种境况下的经验而想不出合适的话来言说，而是“语言本身没有力量”(Lingis，1994，p. 108)。

理性社群使我们能够言说并赋予我们发声的方式，与上述境况的两种方式有所不同。首先，在这种境况下，我们说的是**什么**不再重要了，但我们说些**什么**才是至关重要的，关键是**要言说**。这进一步说明了我们与那些和我们没有共同之处的人说话时所用的声音不是一个借来的或者代表性的声音，而必须是我们**自己的**声音，不是别人的声音。 63

另一个林吉斯讨论的特定案例是我们没有陷入到无话可说的地步，而是在开始说的时候。在这种境况下，家长与孩子的交流，不能依赖理性社群的语言、逻辑和声音，原因很简单，就是因为在理性社群形成**之前**，首次交流已经开始了。这又是一种家长不能用理性社群那种舶来的、代表性的声音与孩子说话的境况。这一境况所需要的是家长的回应，以及家长以一种独特的、前所未有的、常见常新的方式承担起对孩子的责任。林吉斯描述了如下这种遇见。

> 这是一个秋天难得的暖日；母亲要和她的孩子去公园玩。她把那些不得不写的信件、为周末准备的会议乃至所有的朋友全都抛到了脑后。她完全沉浸在她的亲子活动之中。她坐在泳池那里，看到在晚秋的阳光下一道彩虹横跨喷泉。她在泳池里指着彩虹。她的眼睛睁得很大，闪烁着光芒，嘴角的皱纹因为欢欣而颤抖着。她要把他的眼睛引向彩虹。他还太小，眼睛注意不到天上的彩虹。下一年就太晚了。他将在幼儿园里，眼睛被电视屏幕上的电子彩虹弄得疲惫不堪；他将不得不盯着带字母的绘图本。她要引导他的眼睛去看彩虹。她要教会他这个单词：彩虹，还有喷泉里的彩虹。他要学会这个单词，了解这个美景。她整个身心都聚集到这个任务的困难和紧迫上了。她紧张和欢欣地注视着，他的眼睛看到了彩虹，他笑得眼睛都湿润了，她在他的眼睛里也看到了彩虹（Lingis，1994，pp. 116-117）。

所以，在这些特定案例中，我们不能依靠理性社群的代表性声音。
64 谁在其中言说呢？林吉斯写道：“究竟是何者在这些极限的、罕见的境况下言说？不是作为理性之思的自我，不是作为普遍理性（具有感官印

象之理性组织的先验范畴与形式)代表的自我，言说者实质上只是一个凡夫俗子。”(Lingis，1994，p. 117)

这意味着，当我以理性社群的声音言说时，实际上不是我在言说。我的声音只是理性社群的可以替换的声音。但当我与陌生人讲话时，当我出现在陌生人面前时，当我在那些与我没有共同之处的社群中言说时，那么我就不得不寻找自己的声音，是我不得不言说——没有人能够代替我。换言之，正是这种言说的方式，构成了作为独特个体的我——作为我，而不是别人。

责任的语言

在与陌生人的遇见中，是谁在言说，尽管现在我们能理解了，但我们还要再多谈一点在这种遇见中使用的语言。当我们在理性社群的限制之外为自己言说时，我们能够说点什么？我们能够使用何种语言？我的建议是，我们在这种遇见中使用的语言，不应该被理解为语词或言论意义上的语言，重要的不是我们所说的内容，而是我们的所做所为。我们做了什么，需要去做什么，以及我们只能做什么，就是对陌生人的回应，就是对陌生人的诉求有求必应，勇于担当责任。再引用林吉斯的话。

> 他者向我求助，开口说话；他/她向我提出请求，询问信息、标识。我能理解他们的话，因为他们用我自己的母语说

> 话。他们诉求一个负责任的、言之有理的、有问有答、答其所问的回应。但是，他们应当首先向我致意，恳求响应。(Lingis，1994，pp. 130-131)

65 我们与陌生人讲话能用的“语言”，赋予我们自己独特声音的语言，是敏于回应以及负责任的语言。我们用什么词汇并不重要——因为在某种意义上，并没有词汇。关键是我们回应，我们担当责任，我们担当起我们的责任。

这意味着，相异之人的社群，陌生人的社群，没有社群的社群，具有一种伦理的本质。相异之人的社群是由我们对陌生人的回应构成的。而陌生人是要求、寻求——如列维纳斯所说，诉求——我的回应的人，是一直想听到我的独特声音的人。

我们能够用我们自己的声音言说的唯一方法，就是摒弃不属于我们自己的声音。这就是说，“他者社群”是“这样一个社群：“它要求成员首先认同自我的公共属性，其次又有他自己的本性，最后他能对相异之人、陌生人敞开心扉、坦率面对”(Lingis，1994，p. 10)。林吉斯强调，敞开心扉，直面陌生人以及“一种势在必行的命令”(Lingis，1994，p. 11)，并不需要理性智力的参与。换句话说，我们的回应无须了解他者，我们也无须在决定担当起这一责任之前，先知晓我们将对什么担当起责任。责任之语言，换句话说，与算计无关。在其最原初的意义上，它是没有任何基础的；在同样原初的意义上，它也是无条件的。德里达对这一点有如下解释。

> 当道路已然铺就，当某种知识的路径在前方已然打开，当决定已经做出，坦率地说，我们已无事可做；不用负责任，又心怀良知，于是我们就按部就班、机械行事……行为被理解为应用性后果，是知识或技巧的简单应用。伦理学与政治学被当作一门技术。不再有实践理性或决策之秩序，于是不负责任开始出现。(Derrida，1992，p. 45)

理性社群和“他者”社群

在对于社群理念的探究中，我想补充的最后一点是，理性社群和 66
他者社群不应该被理解为两个互不关联的社群，也不是供我们选择的两个选择项。不能否认理性社群的重要性，因为它们让某些言行方式成为可能。当然我们不应该忘记，这种言说只是一种代言性质的言说。我们也不能忘记，人们每次构建理性社群之时，就划定了边界线，造成群内与群外的分割。林吉斯写道：“催生共同之处、确立真理以及现在建立一个技术性的社会拟像的社群，排斥野蛮人、神秘主义者、精神病患者——驱逐他们的话语以及肉体。”(Lingis，1994，p. 13)

所以林吉斯认为，理性社群的工作和事业**遭遇中断**，他者社群才得以形成与入场。他者社群“反复出现——困扰着理性社群，如影随形”(Lingis，1994，p. 10)。它居于理性社群“内部”，随时准备着，一旦人对他者、对他者的差异性、对异于理性社群的话语与逻辑的内容有所回应，他者社群就会入场。当人们用自己的、独特的、前所未有的、以前从未听到过的声音言说之时，他者社群就会入场。

教育的社群

67 前面对“社群”理念的探究揭示：理解与他者共生、共存的内涵，至少有两种不同方式。这两种社群形式都提供了“交流的入口”(Lingis, 1994, p. 116)，但在这两种社群中，使我们能够言说的方式，却有着重要的区别。在理性社群中，关键是所说的*内容*，而在他者社群中，关键是*谁*在说话，这是两者的区别之一。不仅如此，在理性社群中，我们的声音只是一种*代言*，而在他者社群中，我们是用*我们自己的*独特方式来言说的。反过来说，这意味着我们只有投身在他者社群中，即坦率面对陌生人与他者，我们才能作为独特性的存在，而不是作为人性本质的普遍“形式”中的例子而进入世界。

我认为，学校最为明显的功能在于启蒙儿童和学生进入理性社群。这就已经附带地提及了理性社群与教育之间的联系。在本章中，我对两种社群的形式进行了区分，认为这两种社群与我在第一章中介绍的两种学习策略也能联系起来。我在第一章中认为，学习的最为常见——大概最有影响力的概念，是以*获得*的视角来看待学习的：获得外在之物，比如知识、价值观或技能，在学习之前就已存在之物，学习者学习之后的可占有之物。尽管关于这种学习有很多不同的理论，从大脑变化方面谈学习的理论，到将学习完全看作社会性任务的理论，范围很广。获得的学习理念非常契合理性社群。人们认为，个体只能通过获得知识、逻辑以及理性社群得以构成的价值观这种唯一方法，成为理性社群的成员。人们还认为，很多国家的教育体系也正基于这 68
一理念而建立起来的。

然而，还有一种理解学习的方式，即不把学习看作获得已然存在之物，而是将其视为回应，是对于“问题”的回应。如果这样看待学习，我们就能够说，人们学有所得，并不是当他们能够复制、重现已然存在之物时，而是当他们对于所不熟悉、有差异、有挑战性、有困扰性之物的回应之时。在这里，学习成为一种创造或者发明，成为一种将新事物带入世界的过程，即生成了人的自己的、独特的回应。

我相信，后一种学习形式是最具有教育的意义和重要性的，因为其关涉的是作为独特存在的我们入场的方式。作为教育者，我们既不应否定也不应忘记，我们生活在一个理性社群的世界，这个社群对于特定的目标有其重要性。我们建立学校的主要原因，至少从历史的视角来看，是重现理性社群的世界。但是我们也不要忘记这并不是所有生活的关键——事实是，最后的关键可能甚至不是理性社群，而是他者社群的到来以及现实存在的可能性。如果他者社群不再可能，那么我们可以说世界到了末日。因为如果世界仅仅是理性社群，那么谁将生活在世界上、谁将不在这个世界上生活就无关紧要了。毕竟，我们都是可以被替代的。

这就是他者社群，即由相异之人构成的社群对于教育之所以重要的原因；需要追问的一个问题是，在学校中，他者社群事实上具有多大的可能性。可是，他者社群所带来的一个问题是，靠刻意的或者技 69

术的方式并不能把他者社群带入存在。他者社群不是运作的结果，其入场不能通过技巧或者技术的应用来实现。在这方面，他者社群永远不会成为一种新的教育手段或者教育项目。我们不能迫使我们的学生直面他者、相异者、陌生者，我们唯一能做的就是确保教育中至少有机会使他们遇见和邂逅他者、差异、陌生，也有机会让他们去真正地回应、发现他们自己的声音和他们自己的言说方式。我们作为教师、教育者，应该意识到，扰乱理性社群顺利运行的不一定是教育过程，而可能是学生开始发现他们自身的、有求必应的、负责任的声音。

结　论

在本章中，我探讨了“社群”这个概念，目的是更为细致地理解进入一个由与我们相异的他者所组成的世界到底意味着什么。本章的中心观点是我们的主体性，令我们成为独一无二之存在的主体性，具有伦理的“本质”。我们以诸多方式回应他者、他者的差异性以及陌生的、不同之物——回应意味着有求必应、勇于担当责任——正是通过这些方式，我们才能作为独特的存在进入世界。

作为鲍曼的追随者，我们认为，这种理解主体性的方式，既不会把我们的身份降低到我们所隶属(我们的身份)的社群、部族或者宗族，
70 也不会提升我们的主体性达至理性的普遍模式。本书探索的这一策略，其解放性潜力体现在展望主体性理解的第三种方式：超越身份以及普遍性。基于这种背景，我认为我们应该这样看待教育，即教育与人进

入世界、发现自身的声音和构建自我成为独特之存在的机会密切相关。换句话说，教育的第一关切是儿童和学生如何能学会用自己的声音言说。这不是排斥或否认教育及学校在重现理性社群中的角色，但这的确在教育系统中提出了他者社群的可能性问题，以及教育应当如何使其成为可能的问题——下一章我将重点探究这一问题。

在本章中，我所用的范畴不是认识论，也不是形而上学，而是伦理学和政治学。我认为，我们主体性的根源不应该从我们的意识或者理性方面去思考(认识论)，也不能将其视为一种本质，作为我们拥有之物或者我们的基本依据(形而上学)。构成我们主体性的，或者在主体性方面造就我们的，是我们——作为独立存在的你我的回应方式。我们可以将其称为回应—能力(response-ability)，只要我们意识到这种能力不是我们的终极(形而上学)本质。毕竟，没有什么能确保我们会回应，没有机制促使我们回应。这只是一个可能。我们也可能是脆弱的存在，但是脆弱永远不会自动转换为责任以及有求必应的行为。

责任，正如我所说，不是关于我们已然了解的事物。责任排斥、反对算计。正是基于此种原因，责任与相异之人的社群形成了关联。最终是这种社群使我们有了“第二次出生”，使我们作为独特个体的存 *71*
在进入世界成为可能。如同我们第一次的生理出生一样，这也并不必然是令人愉快的体验。进入世界、勇于担当那些等待我们的责任，敞开胸怀面对他者与差异，这些都可能是困难而痛苦的，但却使得我们具有独特性以及某种意义上的人性。

/第四章　教育应该有多难？/

73 西方教育的一个显著特征是它对教育与教学在**技术上的执着期望**。我们从很多国家为提高教育系统的绩效而对其施加的压力上可以看到这一点，而压力通常意味着要输出特定的、预先设定的成果。这种压力通过国家课程或者国际学生评估计划，不仅施加给整个教育系统，而且通过发布学校排行榜及强化各种监管和控制系统而施加给学校、课堂以及教师。

教育的工具技术取向，即教育是一种可被用来达成某些预设目标的方法或者工具的观点，体现在诸多方面：不仅体现在知识和技术的传播上，而且还体现在教育的价值观和规范领域中，如在最近盛行的品格教育和公民教育中的某些概念以及教育可以用来抵制社会分裂的
74 观点中都有所体现。工具技术取向并不是那些追求保守教育计划的右翼政治家的专有权利。左翼政治家对于教育亦怀有相似的取向，即希望教育能改变社会、学校可以建立一个“新的社会秩序”(Counts, 1939)。此外，在公共领域，不断诉求教育体系为其表现负责的，并非只有政府与决策者。很多家长也不再把自己看作孩子学校的同伴教育

者，而是重新定位为学校理应提供的教育产品的消费者之一(见 Biesta，2004a)。

工具技术取向背后潜在的主要假设是，教育是一种可以用来实现某些预设目标的工具。从其“积极”意义来看，这一取向导向了这样一种理念，即教育的进步可以通过更好的教育方法和手段来达到——这使教育研究的任务主要集中于教学技术和策略的改进，而不是促成关于教育目的与目标的批判性讨论。从其“消极”意义看，这一取向导致这样一种观点：当教育不能成功实现其目标，即当遭遇教育之难，看似不可能时，也只是偏离了正常轨道而已——这说明人们仅仅将这些困难看作技术层面的问题，认为当有一天找到了正确的方法，从理论上讲就可以克服这些困难。

在这一章中，我想从另外一个角度来考察教育之难。我认为，充分理解教育过程，要求我们要对何为正常与偏离作逆向思考，也就是说，我们不应该把教育之难看作来自“外部”的一种偏离，一种危险，75
一种威胁，或者一种干扰；而更应将教育之难理解为恰当的，是属于教育的，也是实现教育之可能的首要因素。换句话说，我们对教育的理解，恰恰正应该从这种教育之难开始(Donald，1992)。

在本章中我所探索的路径可以被归为一种对教育的解构式理解，因为我试图理解教育过程之“逻辑”所依据的理念是，使教育成为可能的条件同时也使教育成为不可能(Derrida，1998；Caputo1997；Biesta 2001)。解读这一断言要特别谨慎，本章提出的教育的解构式路径，并不是说教育是不可能的——进而也是无用的，而是对教育作了一种与众不同的思考，旨在揭示：造成教育之难的、有时甚至不可能的条件，恰恰首先就是造成教育之可能的条件。(例如，Vanderstraeten and Biesta，2001；Biesta，2004b)。解构式地“解读”教育将有助于我们看到：在技术框架和技术取向的束缚之外，仍有其他理解教育的可能性。我在第三章提出了以下观点，即以刻意的、技术的方式，是不可能将“他者社群”——由那些与我们毫无共同之处的人所组成的社群——带入存在的，故其永远不能成为一种新的教育技术。“他者社群”是作为独特的、唯一的存在得以进入世界的社群，如果事实如此的话，即使该社群并不能通过应用某一特定的教育技术而实现，其也不会超出教育的范畴。

我在本章中要寻找的路径，在某种意义上说是间接的路径，因为我将通过政治与政治学之困来考察教育之难。其主要原因是，关于人类互动之难的议题，在政治学脉络中的讨论要比在教育学中更为深刻。我在本章中将要讨论的观点跟教育尤为相关，因为在政治领域和教育领域之间，关于人类互动之难这个重要问题上，并没有根本的区别——甚至可能也没有程度上的区别。那么，是什么导致人类互动之难呢？

政治学和政治社群

人类互动之难源于一个事实，即如汉娜·阿伦特所说：“人们，而不是单独的一个人，生活在地球上，栖居于世界中”(Arendt，1977b，

p. 7)。换言之，人类互动之难源于多元、多样和差异的存在。因此，政治学和政治理论根本的问题之一，就是如何回应多元化这一事实。邦尼·霍尼格(Bonnie Honig)在其著作《政治理论和政治学的游离》(*Political Theory and the Displacement of Politics*)中指出，对于这一问题，西方哲学总体上已发展出两种不同的应答策略(Honig, 1993)。她认为，大多数政治理论家把政治学框定为构建共识、维护契约、巩固社群与身份认同之任务，认为政治学的成功在于消除分歧、对抗、冲突和争斗，把“解决体制性的问题”，并“将现代主体……从政治冲突与不稳定中解放出来”(Honig, 1993, p. 2)视为政治学的基本任务。

然而这些理论家——霍尼格称其为德性理论家(virtue theorists)——相信，他们所支持的政治原则与机构契合并体现了主体的身份，而德行理论家[1](virtù theorists)则认为这种契合性是不可能的，他们强调任何政治安排都有盲点，且事实上都会引发对抗，“甚至那些相对有现实可能性或者得到赋权的政治安排也会引发对抗”(Honig,
1993, p. 3)。正是由于任何政治安排总有盲点，德行理论家才设法去 77
确保政治竞争的永久性[德性理论家与德行理论家之间的差异不同于自由主义者与社群主义者之间的差异。霍尼格方法的独创性就在于，她揭示出自由主义者与社群主义者支持同一政治“模式”。因此，霍尼格

① virtue theory 源自古希腊亚里士多德伦理学，强调作为一种品格的道德，一般译为“德性理论”；virtù theory 源自拉丁语，与马基雅维利的政治哲学有渊源，强调德性不一定与德行对等，应超越德性政治，更应从实用出发，关注政治效果，甚至用不道德的手段达到政治目的，本书译为“德行理论”与前者区分开来。——译者注

把罗尔斯和桑德尔两人(还有康德)都当作**德性**理论家，而将尼采与阿伦特看作**德行**理论家。]。

霍尼格的分析揭示出：那些认为政治能够且应该解决多元化问题的人(德行理论家)与那些认为政治不能也不应解决多元化问题的人(德行理论家)之间存在着本质上的差别。在表面上德性理论家好像是对的。有的人会认为，鉴于巨大的社会差异，政治的存在就是为建立社会秩序。当然，也有人会追问：社会秩序究竟是要全纳多元呢(如德性理论家所云)，还是只有通过颁布法案去分裂和排除那些无法避免的盲点才能建立起来呢？霍尼格认为，既使那些认为社会秩序能够全纳多元的人，对于政治安排的盲点，甚至“依此来稳定秩序时”(Honig, 1993, p.4)，也并没有对其怀有民主的敏感性。尽管她正确揭示出了这一事实，然而德性理论家和德行理论家之间的差别也只是程度上的差别，而非本质上的差别。

然而，此处让我感兴趣的，不是政治是否必须应对多元化的问题——它不得不应对——而是政治该如何面对多元化问题。这个问题让我看到了德性论和德行论更为细微的区别。德性论把多元和差异看作困难，或者是政治务必要解决的问题。更准确地说，德性论认为多元是社会生活的障碍，是一种困扰或**缺陷**，且认为政治可以医治这种
78 **缺陷**。此处蕴含的假定是：那些生活在一起的人们，只有存在着足够程度的共同性或者一致性时，才具有社会生活的可能性。因此，德性理论家认为，政治的基本任务就是要建立一个政治的社群，一个有足够共同性的政治社群——这意味着，一个尽可能去多元化的社群——

由此，社会生活才成为可能。

德性论的策略，可以在诸如自由主义政治理论的一些版本中找到。用约翰·罗尔斯(John Rawls)的话说，自由主义试图表达出一种能以非压制性地方式应对“多元主义的事实”(Rawls，1993，p. 192)的政治秩序理想，其目的在于寻求这一问题的答案：如何组织那些对善持有不同概念的人们，在对其概念一视同仁的情况下，让他们共存？这一问题的答案主要有两点：权利优先于善；私人领域与公共领域之别。前者蕴含的观点是：个体的权利不能为了抽象的善而被牺牲，**并且**这些权利的公正原则也不能建基于任何特定的善之理念之上。故而，该观点的目的，是要建构一套公正的框架，每一个体在该框架下，都有与其他人一样的自由，能够自主选择他们自己的价值观和目标。私人领域与公共领域之别则被用来表明：善之观念的扩散，在哪里是被允许的(在私人领域中)，而在哪里是不被允许的(在公共领域中)。

这表明，至少在自由主义政治哲学领域，有将多元化当作社会生活之威胁的倾向。有人提出，解除这个威胁的办法是创建一个特别的政治社群，即以去多元化为特征的“公共领域”。故而，正如尚塔尔·姆菲(Chantal Mouffe)所说，自由主义试图通过把所有的多元主义和异议放逐到私域，来确保公共领域里的共识。为了给这种理性共识创造条件， 79
所有存在分歧的问题，都被从政治议程中撤除了(Mouffe，1993，p. 140)。

尽管自由主义也强调多元化问题，但显而易见，它强调的却是尽可能地将多元化从公共领域中消除。它试图构建一种最低限度的共享的政治框架，允许在政治之外最大限度地表达多样性。除了那些能够清晰地区分私人领域和公共领域的现实性问题(众所周知的反证是堕胎和安乐死)之外，自由主义还有更为基本的问题(这对所有的德性理论也是一个问题)，即把政治看作那些想法一致的人所从事的事。尽管自由主义试图尽可能地在社会生活中全纳多元，但它却排除了政治领域中的多元化；而这带来的危险是，政治参与仅对那些已经认同游戏规则的人才开放。

在这里，我不是要去支持或者反对自由主义，而是想呈现前面所提及的自由主义政治哲学版本，并将之作为一种特定观念——将多样和差异看作障碍，看作需要解决的东西——的例证，以说明政治社群的构成。这是否是一个可行的政治观，在某种意义上，是一个经验性的问题(更是复杂的理论问题)。尽管我认同姆菲的观点，即对包括自由主义的任何政治秩序都不能全纳多元这一事实的否定，并不能够使得这些未被纳入的部分消失，而是将面临一种风险，导致“面对时的迷乱、处置时的无力”(Mouffe，1993，p. 140)。

德性理论能为政治生活提供怎样的现实方案？追问这一问题是重要的，但提出德行理论能否提供可行性替代方案的问题，即该理论能
80 否考察多元化与政治之间的关系，进而思考人类互动中多元化的作用问题，也同样重要；如此，多元化将不被看作人类互动中的弱点或威胁而是其核心要素。汉娜·阿伦特是少数探索此道路的哲学家之一。

汉娜·阿伦特和政治之难

在汉娜·阿伦特看来，多元化在政治中的位置是非常清晰的。在《人的境况》(*The Human Condition*)第一章第一页，她就宣称多元化，即“人们，而不是一个人，生活在地球上，栖居于世界中”这一事实，是“所有政治生活的……条件”。多元化不但是政治生活的“必要条件”，即没有这个必要条件政治生活就不会存在，也是政治生活的“最终条件”，即政治生活通过它而得以存在的条件(Arendt，1977b，p. 7)。

“人被赋予地球上的生命”所依托的三个条件中，多元化是其中之一。这三个条件(见下文)与人的三种基本活动相一致——劳动、工作和行动——它们一起组成了人的**积极生活**(vita activa)。所谓**积极生活**是实际的生活，阿伦特想要其回归本来的位置，因为它自西方哲学形成之始，就被**沉思的生活**(vita contemplativa)所放逐。

阿伦特把**劳动**描述为一种与人身体生理过程相一致的活动。劳动是维系生命的必须活动，它只在乎生命的维系，是无止尽的重复——“一个人为了劳动而必须吃饭，为了吃饭而必须劳动”(Arendt，1977b，p. 143)。因此，人劳动的条件，就是“生活本身”(p. 7)。另一方面，**工作**，是与人的“非自然性”存在相一致的活动，它提供了一个人造物的世界，与自然的环境完全不同。它关注**制造**，因此它“完全由方法和结 81
果的范畴所决定”，也就是说，它具有**工具性**(p. 143)。既然工作与构建一个具备耐用性和持久性的物质世界有关，它也具备“客观性”

(Arendt, 1977b, p. 137)。因此，人工作的条件是“现实性的”(p. 7)。

尽管劳动和工作都与人和物质世界的相互作用有关，行动，却是“直接进入人群之间”的活动，不需要“事情或者物质的媒介”(p. 7)。从最广泛的意义上讲，行动意味着采取主动，就是说，开始行动。阿伦特指出，人是一个“初始值”，一个“开端和开端者”(Arendt, 1977a, p. 170)。在这个方面，每一个行动就是一个“奇迹”，因为“它是不能预期的”(Arendt, 1977a, p. 169)。行动与人类存在普遍的条件之一——**出生**的条件紧密相关。作为开端的行动，与出生类似，因为每一个出生都意味着“独特的、新的”生命来到这个世界。行动是“出生的人之条件的实现”(Arendt, 1977b, p. 178)。

行动与多元化这一人的条件呼应，其原因在于我们的行动总会影响“那些有自己行动能力的”人这一事实(Arendt, 1977b, p. 190)。如果人是“以同一种模式无休止重复制造的复制品”，行动将会是“一场不必要的奢华，是对行为之普遍法则的无常介入”(p. 8)。但事实并非如此。多元化是人之行动的条件，因为我们“全都是一样的”，即我们都有能力开端，“以一种与他人，不管是过去的、现在的还是将来的他人都截然不同的方式”去开端(p. 8)。

在“消极的”方面(下文我还会讨论这一消极性的特殊之处)，我们的行动会影响那些能够自主行动的人这一事实，说明行动的范围将是无限的，具有内在的不可预测性。(Arendt, 1977b, pp. 190-191)。阿
82 伦特写道，伴随“行动的挫败感”而产生的愤怒，几乎与有记载的历史一样古老。因此，为行动寻找替代物，“希望人类事务的王国能逃脱行

动者的多元性所带来的混乱”一直是一种极大的诱惑。(Arendt, 1977b, p. 220)。但人们提出的解决之道总是主张避免行动的不良后果，即使人自始至终都是该行动的主人(Arendt, 1977b, p. 220)。用制造代替行动，即以工作、工具性的角度考量政治的这种企图，明显体现在反民主言论中，最终将转变为对政治自身本质内容的反动。

阿伦特之所以这样认为，源于这样的事实：行动不是一个共主体性的过程。它不是个体的人一起工作、共同制造事物的过程。阿伦特意识到，人有能力行动，特别是能够协作行动，对“人的自我防御或者追求利益是极其有用的”(Arendt, 1977b, p. 179)。但是“没有比把行动当作为达到某个目的而使用的手段更危险的了”，因为很明显该目的可以更容易地实现；对于其原因，她总结说，“看起来行动并不能有效地替代暴力”(Arendt, 1977b, p. 179)。然而，关键还有更多的危险之处——我们这里只涉及行动作用于能够自主行动之人这一事实所产生的“积极”方面。(我将在下文回到这一积极性的特性。)

那么，为什么行动是重要的？我们已经知道，对阿伦特来说，人的多元化是人作为独特而存在的“悖论性的多元化”：我们都是一样的，因为没有人和他人是一样的。阿伦特的观点是，只有在行动中，而不是在劳动或工作中，我们“独特的差异”才可以显现。她写道，“通过语言和行为”，“我们把自己置入人的世界，这种置入就像是第二次降生”(Arendt, 1977b, p. 176)。所以，行动和语言，是人显现或进入世界的方式，这也是对他者显现所必须的方式。尽管在最根本的意义上， 83
行动中主体的显现是我们要去达成的，然而同样根本的，这也不是我们能够规避的。行动和语言蕴含着“行动主体显现之能力(agent-revealing capacity)”，即使其内容与劳动和工作有关。在这一意义上，显露(disclosure)是不可避免的(Arendt，1977b，p. 183)。

如我在第二章所强调的，这种显露并不是一些既有身份的显露。阿伦特强调“当他的言行显露自身的时候，没有人知道他显现的是谁”(Arendt，1977b，p. 180)。这只有在行动层面中才变得明晰。所以，显露的行动主体不是一个作家或者出版商，而是一个在语词双重意义上的主体，也就是说，其既是开端行动的主体，也是承受其后果的主体。(Arendt，1977b，p. 184)。同时，这里的确存在内在的“显露的风险”(Arendt，1977b，p. 180)。

尽管人类多元化的条件在某种意义上总是挫败我们的行动，阿伦特多次强调，正是因为行动“媒介”的特性，行动本身才是真实的(Arendt，1977b，p. 184)。因此，它表明了“那些根据其自身目的来挫败行动”的事物(Arendt，1977b，p. 182)。正是基于这一原因，对我们常常影响那些有自主行动能力的人这一事实的消极层面的讨论，就不能直言其消极性；同理，对其积极层面的讨论，也不能直言其积极性。至此，阿伦特政治观，以及更普遍意义上的人的互动观的解构性就浮出水面。

行动的困境

阿伦特立场的核心观点在于其宣称人是开端和开端者。因此在人
84 际互动的层面，我们的行动总是会影响那些自身有行动能力的人。换

句话说，在一个充满其他开端者的世界，我们总是要启动开端。这意味着，为了自己的开端，我们总要依赖其他开端者的行动。尽管在某种意义上，这妨碍和干扰了我们开端的“纯洁性”，但“对我们所做之事保持唯一掌控地位的这种不可能性”，也是我们的开端能进入世界的条件——并且是唯一的条件(Arendt，1977b，p. 220)。行动，与制造不同，是永不可能处于孤立状态的。阿伦特甚至认为：“孤立是对行动能力的剥夺”(p. 188)。

尽管行动的困境在希腊和罗马的政治环境中占有中心地位，阿伦特指出，由单个人发起的行动开端，与“许多人通过承担或完成任务的方式加入”的行动结果，二者之间的差距已经逐渐地从西方传统对行动的理解中消失了(Arendt，1977b，p. 189)。“开端者依靠他人得到帮助，而他的跟随者又依靠他得到自己行动的机会”(Arendt，1977b，p. 189)，这里存在两种完全不同的功能：下达命令和执行命令。阿伦特指出，自柏拉图以来的主流政治哲学一直试图寻找理论基础和实践路径，以捍卫以下观点：一个开端者可以永远保持其开端的完全掌控者地位(Arendt，1977b，p. 222)。但在探寻过程中却丢失了这样的视角：只有通过他人的帮助，“统治者、开端者和领导者”才可以真正行动，真正完成他们“已开始去做的事业”(Arendt 1977a，p. 166)。

前面的讨论帮助我们理解，行动领域是“无限的”和本质上“不可预测的”这一事实为何并非具有简单的消极性。毕竟已是这种无限性和不可预测性，让我们要开端之事业进入这个世界成为可能，并且进而成

真。阿伦特对行动的理解表明，让我们与他者的共存产生**困难**的，同
85 时也让我们与他者的共存成为**可能**——也就是说，只要将我们的存在与他者的关系看作与**他者**的共存。毕竟，这里还存在另一种选择：借否定和消灭他者的他性，把我们的开端强加于他者。这终将导致行动变成制造，活动模式变得更为工具技术性。

自由、行动和多元化

正如行动领域的无限性所蕴含的消极层面揭示了阿伦特思想中的一种解构性“反转”，行动无限性的积极意涵也并非那么简单直白。在阿伦特对自由问题的理解中，这一点表现的很清楚。阿伦特认为，我们不应把自由理解为一种意志现象，即不应理解为可以做任何我们想做之事的自由，而应理解为“将之前不存在的事物呼召而出，使其得以存在”的自由(Arendt，1977a，p. 151)。作为自主的自由与作为开端的自由这二者之间的细微差别非常重要，影响深远。其主要的蕴含是，自由不是一种“内在的感觉”或一种私人体验，而必然是一种公共现象，进而也是一种政治现象。“政治最重要的目的是自由，”她指出，“其经验领域是行动。”(Arendt，1977a，p. 146)

阿伦特认为，这种自由——“即使那些赞美专制政治的人也应考虑”——是内在自由的反面，即“人可以逃离外部压力，进入其中并感受自由的内在空间”的反面(Arendt，1977a，p. 146)，是自由最原初的

形式。可以说，“如果没有先行体验过具体可见的现实的自由之条件，人就不会知道何为内在自由”(Arendt，1977a，p. 148)。依据阿伦特的 86
观点，我们首次意识到自由和不自由存在于我们和他者的交互之中，而不是我们自身的交互。因此，内在自由的体验只是派生之物，因为其预设了“从自由被否定的世界中的退隐”(Arendt，1977a，p. 146)。

作为内在自由的自由，其问题在于缺少外在的显现。因此，其“定义上与政治没有相关性”(Arendt，1977a，p. 146)。阿伦特一次次强调，自由需要一个“现实的空间”，一个“公共的领域”来让它得以显现(Arendt，1977a，p. 149)。“当然，”阿伦特写道，“它仍然可以作为欲望、或者意志、或者希望，或者向往存在于人们心里；但是人心，我们都知道，是一个非常黑暗的地方，并且，在它的晦暗不明中所运作的一切，都很难称之为可被证实的事实”(Arendt，1977a，p. 149)。因此，针对“人离开众人栖居的政治生活领域”(Arendt，1977a，p. 157)自由才会开端的观点，阿伦特提出一种相反的**政治**理解：只有在公共空间显现之时，自由才会存在，自由才是真实的。

自由的公共性的一个重要蕴含是，我们不再认为自由是个体存在所占有的。自由只**存在于行动中**，这意味着当他们，从“对于自由这一馈赠的占有”分离出来时，只要他们在行动之中，“不在之前也不在之后”，人就是自由的。(Arendt，1977a，p. 153，p. 157)

既然自由只存在于行动中，阿伦特建议我们不妨把它看作一种表演艺术(与制作这一创造性艺术不同)(Arendt，1977a，pp. 153-154)。她提出自由与表演艺术的关联，主要有两个原因。首先，与制作这一创造性艺术相反，表演艺术的成就在于表演本身而非最终的产品，最终的产品要比延展了活动，将其带入存在感，并进而独立于活动。换句话说，对于创意艺术的“品质”的鉴赏不是通过其产品，而在于其技艺(Arendt，1977a，p. 153)；第二点，阿伦特指出，表演艺术家需要
87 有观众来展示自己的技艺，“就像行动者需要他者在场才会现身一样”(Arendt，1977a，p. 154)。当然，创造性艺术与表演艺术的区别并不是因为前者无需观众就可以创作，而是因为后者的表演本身要**依赖**他人。与绘画作品不同，没有观众的表演是不存在的。行动/表演者(actors)(在双重意义上)需要一个“公开组织的空间来展示他们的‘作品’”(Arendt，1977a，p. 154)。

这样，阿伦特的自由观揭示出，自由只存在于我们与他者的交互中。换言之，自由只存在于“非主权的条件下”(Arendt，1977a，p. 164)。阿伦特强调，在传统哲学的概念框架下，很难理解自由如何与非主权共存。但在由多元化的事实所决定的人的境况下，“自由和主权如此不同，以至于他们几乎毫无同时存在的可能”(Arendt，1977a，p. 164)。“如果人们希望获得自由，”阿伦特总结道，“他们必须明确地放弃主权”(Arendt，1977a，p. 165)。因此我们可以再次说，多元化的事实，既带来自由之难，又让自由成为可能。

自由得以显现的空间

如前所示，阿伦特一直试图从多元、多样和差异的视角去理解人

类互动，尤其是政治生活。在对阿伦特哲学的研究中，德士(Disch)认为，阿伦特立论的前提，是哲学家们避犹不及的，即政治开端于相互关联的主体的多元化，并将多元化“从人的条件之‘先天弱点’转化为独特的人的力量之源”(Disch，1994，p. 31)。阿伦特多次重申，让我们集体行动困难的——一定意义上甚至是不可能的——正是使我们集体 88
行动成为可能与实现的。

在这一点上，阿伦特与霍尼格的德性理论是两条截然相反的路径。德性理论旨在通过消除或者消减多元而使政治行动成为可能，而阿伦特却认为政治行动的主要任务就是要使多元成为可能。政治的目的和理由，她写道，“是建立并持有一个作为技艺的自由得以显现的存在空间”(Arendt，1977a，p. 154)。

自由得以显现的空间——因为“自由与行动密不可分”(Arendt，1977a，p. 153)，在这一空间中，新的开端得以进入世界，主体“入场”(见第二章)——是一个特别脆弱的空间，认识到这一点很重要。正如登特列夫(Passerin d'Entrèves)所说，自由得以显现的空间仅当“行动者为了讨论与协商公共事务而汇聚在一起的时候”才会存在，“行动消失，它也随之消失”(Passerin d'Entreves，1994，p. 77)。阿伦特写道，“在任何人们发表言论、举行活动而聚集之地”(Arendt，1977b，p. 199)，自由得以显现的空间即得以入场。但与我们双手劳作的诸多空间不同，“该空间在经历了将其带入场的活动开始之后就消失了……随着活动本身的消失而消失了”(Arendt，1977b，p. 199)。在人们聚集所在之地，它就**潜在地**存在，“但只是**潜在地**，而不是必然的，更不是永远地存在”(Arendt，1977b，p. 199)。

所以，我们不能想当然地认为，只要我们与他者在一起，该空间就必然存在。政治的目的和价值正是为了建立并持有一个自由得以显现的空间。所以我们可以说，如果这是政治的目的和目标，如果该空间仅仅存在于共同行动，那么，我们应该如何推进共同行动，才能使得自由显现呢？换言之，我们如何在不消除多元和差异的情况下“一致
89 地”(阿伦特)行动呢？另一方面，“共同世界出现，其周遭同时涌现出各种各样的思想观点，且尚未有共同评判尺度，只因人们所处位置不尽相同，尽管共同世界是人聚集之地，但人与他人位置同两个物品一样不能一致起来”(Arendt，1977b，p. 57)。倘若如此，共同行动又何以可能？

如同我们看到的，德性理论对这个问题有一个具有欺骗性的所谓完美清晰回答：如果我们有一个共同立场，一个共同身份认同的社群，换言之，我们如若建立一个理性社群，我们就会一起行动，一致地行动。另一方面，阿伦特的回答对多元化和自由保持了一贯的坚定。下一部分，我要阐述丽莎·德士(Lisa Disch)对阿伦特政治判断思想的解读，她将其概括为“寻访”(visiting)的概念(Disch，1994)。

寻访

要理解寻访这一概念，首先要考虑的是，尽管阿伦特与政治和政治行动的自由主义路径相去甚远，她也承认，如果我们仅让多元性存

在，共同行动也是不可能的。共同行动不可能建立在纯粹多元性的基础上(当然，该说法绝不等于说共同行动只可能建立在同一性基础上)。可见，阿伦特的政治观是对我称之为“断裂的多元主义”的否定。

阿伦特在对多元化的人之条件论述中隐含的假定是，尽管只是一种差异中的关联，关联仍是可能的，所以，人们不会把在多元化背景下的共同行动看作开端者将其开端强加于他者的紧张斗争。共同行动要求人们仔细考虑、判断，进而做出决策。但正如她反对无判断的多元主义，阿伦特也反对我称之为无多元主义的判断。换言之，她反对 90
任何形式的脱离多元化之网的政治判断[1]。

在对康德《判断力批判》(*Critique of Judgement*)的讨论中(Arendt，1982)，阿伦特清晰地阐明了她的政治判断观。政治判断必须具有代表性，因为其关涉我们与他者共存的问题。换言之，它需要一种概括性，或如阿伦特所言，它需要引起公众关注(Publicity)，“触及别人所思所想，政治判断的考验也就随之而来”(Arendt，1982，p. 42)。康德主张，作为从自身偶然情境中抽象出来的思维形式，代表性思维目的是“站在他人”的角度考虑问题，但阿伦特却把代表性思维解读为一种多角度理解的形式(Disch，1994，pp. 152-153)。在阿伦特看来，“引发‘思维扩展’的，不是抽象之物而是对于特殊之物的审慎关注”(Disch，1994，p. 153)。故而，代表性思维与特殊性密切相关，“一个人必须经历各种特殊立场，以抵达其‘一般性立场’”(Arendt，1982，p. 44)。

为了实现这一点，判断行为不应只由思考和决策组成。它还需要想象力的帮助。康德认为，为了让人们接受某一普遍性(universal)立场而建立一种关键距离时才需要想象力。与康德不同，阿伦特认为，我们需要想象力，既为了“将事物置于恰切的距离”，又为了“在我们与他者之间的鸿沟搭建桥梁”(Disch，1994，p. 157)。我们把后一种判断中的想象力活动称为寻访。德士认为，寻访关涉“从那些可能有兴趣讲述某一事件的每一个多元观点中，去构思该事件的故事，并且”——这
91 个“并且”至关重要——“去想象在一个与我自己的故事迥然不同的故事中，作为一个角色的我会如何回应”(Disch，1994，p. 158)。寻访不同于狭隘(Parochialism)，狭隘意指待在家而绝不会寻访。寻访也不同于“旨在确保你即便在旅行中也享有居家般舒适”的游览(tourism)(Disch 1994，pp. 158-159)。寻访也应区别于作为“文化同化论”形式之一的移情(empathy)，其“通过入乡随俗，强行让自己在异地拥有在家的感觉”(Disch，1994，p. 159)。

游览和移情的问题在于，它们都有抹掉多元化的倾向。前者通过“站在客观性的立场，固执地把‘我们是如何做事的’作为一个透镜，透过它，不同的文化只能作为他者文化而出现”，以此抹掉多元化。后者置换了透视镜，而“假装为一副本地眼镜，以此认同新的文化，从而避免在一个不熟悉的环境中产生的不适感”(Disch，1994，p. 159)。寻访，相比之下，是“在一个实际上我不在地方，以我自己的身份存在和思考”(Arendt，1977a，p. 241)。这就是你按照你自己的想法去思考，但是在一个与你自己完全不相同的故事中去思考，故而允许自己“有迷惑，这对于理解世界在他人眼里如何不同是必要的”(Disch，1994，p. 159)。

我想说的是，寻访这个观点的创新之处，不在于寻访与游览之间所存在的差异。很明显，任何不希望抹掉多元化的任何政治判断路径，都必须让自己置身于他者和他性之中。游览者到那些陌生的地方，绝对不会因为他已经知道旅程结束时他将发现什么。在这个意义上，不希望抹掉多元化的任何政治判断方式即使宅在家里(无论现实地理解还是虚拟地理解)也不安全。寻访的创新之处在于其为移情提供了一个替代性方案。在我看来，移情的主要问题是其假设我们能够轻松(惬意地)站在他者的立场上，进而否定我们自己以及他人所见、所想的境遇。所以，寻访不是通过他人之眼，而是通过我们自己的眼睛从非我的立场去看——准确地说，在一个完全不同于我们自己的故事中去看。

我们如何建立并持有一个自由得以显现的空间？“寻访”的观点为 92
阿伦特回答这个问题提供了方向。“寻访”带来一种超越游览与移情的“情境普遍性”，因为其把多元性既当作出发的起点又当作目的。在阿伦特看来，多元性的终结同时也是自由之可能的终结，也就是独特的新事物进入世界的可能性之终结。只有当我们认真对待令我们与他者共生困难之事时，新的开端才至少会有显现、入场、进入多元与差异之世界的可能性。

教育应该有多难?

在本章，我试图表明一个思考我们和他者共生问题的方法，让我们看到，多元化不是一个为使共同行动成为可能而必须要予以解决的问题，而首先是在哪里被当作使我们与他者共生成为可能并实现的问题。换言之，我想阐明那些使人类互动困难重重的(某种程度上甚至是不可能的)、对我们共同行动不是威胁而更是其可能性的内在条件。我将之定性为一种对人类互动的解构性解读。

这一解构性思路我们可以在阿伦特思想中发现两处。第一处体现她宣称保有我们所做之事的独特掌控地位是不可能的，这种不可能性恰恰是我们的开端借此进入世界的条件。她指出，我们进入世界基本上依赖于他者接纳我们开端的活动，而他者通常会采用其独特的且不可预测的方式。第二处体现在她认为自由仅存在于行动之中，而行动就定义来看，是与他者一起的行动。如果独自的或者孤立的，我们就不会自由；只有在行动之时我们才是自由的。这意味着只有在一个现实空间，一个多元和差异的空间里我们才会自由。而在一个同质化的、去多元化的空间里我们是不自由的。可以说，我们在这种空间里能够体验到的自由，是毫无危险的自由，不是“困难的自由”。阿伦特的行动型自由，只有在我们与他者共生的空间里，才是偶然进而真实的自由。

新的开端得以入场的空间，若独立于行动则不会存在。正如表演仅仅存在于表演行动本身，自由的空间仅在行动中存在，而行动从定义来看是与他人一起的行动。当阿伦特指出行动是人们之间在没有中介的情况下直接进行的活动，那就无需强调行动的某些神秘的非物质性的特质。关键是在行动领域之外，行动并不具有任何持久性。尽管机构很重要——人们也的确认为阿伦特并没有给予这一持久性组织以足够的重视(Passerin d'Entreves，1994)；支持阿伦特观点的是：并非只有机构的存在，才能保障自由得以显现之空间。所需要的是对行动“品质”持续的警觉，并以让自由得以显现的方式不断开展行动，这样新的开端就能进入世界。我曾提议将寻访作为实现这一目的的可能方式。

在这一点上，如果我们从政治领域转到教育领域，首先要记住的是我们不应该把政治当作教育的隐喻。建立和保持一个自由可以显现的、新的开端得以进入世界的空间，并不只是政治的目的和存在理由。如我所说，它也是教育主要的终极关切。如卡斯滕·永格伦(Carsten Ljunggren)所说，教育“不是释放或压抑人的天性”，而是“让个体成为某个人的过程”(Ljunggren，1999，p. 55)。而这务必要通过行动，通 94
过我们和他者的互动才能产生。当然，学校以及学习的其他体制化场所并不专注于，以及并不仅仅专注于培养人的过程。那种认为能够并应该为此而消减教育和学校化的想法是错误的。这不仅是因为教育始终关注知识、技能、能力、态度等的获得，更因为认为教育能够/应该有关于“成为某个人”或有关于学习的看法是一种虚假的二分法。更准确的说法是，我们通过参与所学之过程而成为了某个人。

所以，根据本章所述，不难看出，任何把教育变成一种技术、从工具性的层面理解教育的企图，都将对通过教育成为某个人的可能性构成威胁——在阿伦特看来，这将最终与“教育的本质”相背离。毕竟，使教育成为一种技术，需要消除多元、多样与差异。换言之，需要消除那些造就教育之难的事物。故而，我们认为多元性不仅仅是人行动的条件，而且是教育自身的条件。我想再次强调，这种多元性不是分离、断裂、私有领域的共存。这种多元性仅在我们与他者的共生之中才能实现存在或者某种意义上的入场。换句话说，这种多元性仅存在于互动之中。

总之，这意味着教育之难并不仅仅是教育之可能的积极条件。既
95 然教育之难从来都不是那么简单——我们需要不断地为行动争取条件——最后结论只能是，教育的任务和责任就在于保有一个空间，让自由可以显现，让独特的个体可以进入世界。

注　释

[1]在这一点上我与德士(Disch，1944，p. 71)的观点一致，即认为阿伦特的著作绝非“仅追求‘宏大’叙事而不考虑政治行为实际后果的美学构想”。我也认同德士的观点：阿伦特并不是启蒙普遍主义的捍卫者(这是哈贝马斯对阿伦特著作的“相关”解读)(Disch，1994，pp. 72-73)。“寻访”给出了这两者之外的一个选择。

/第五章　教育建筑学：创造一个现实的空间/

教育当今的角色是什么？教育者——教师、家长，以及所有那些 97
对“新来者”担负教育之责的人们，今日又能做什么？从理论和实践上讲，这两个都是很有难度的问题。我们要如何理解“教育”？担负教育责任又是什么意思？谁该担负教育的责任？这责任从何而来？其又有何蕴涵？我们今日该如何获取和描述教育的责任蕴涵？这些问题不但很难，而且都亟待解决。下一代不能再等待。但最紧迫的问题，并不是赶紧找到足以解决上述问题的答案，当然这也是需要做的。今日最大的问题却可能在于以下事实：有太多的答案了。或者再讲得明确点：对这些问题实际意味着什么以及它们想让我们做些什么，几乎鲜有要质疑的。今日最大的问题，也可能是从未曾认为这些问题是有难度的。毕竟，已经有一些很清楚的答案：今日教育的目的是保障一个国家在全球经济活动中的竞争力；今日教育的目的是输送知识、价值、好素质的公民；今日教育的目的是保证学生在国际考试中取得最高分；等等。

这些答案不能完全放弃，因为它们都包含着某种真实的要素。尽管从竞争力角度很难清楚表达经济和社会正义之间的联系，但二者之间的联系毋庸置疑。也许不能定义出好公民到底应是怎样的，但威胁他人福祉的行为却有清晰的例证。尽管学校排行榜上的高分数并不必然地能够与家长们的价值观和抱负相一致，但他们都想让自己的孩子在学校表现优异。因此，这些答案所存在的问题，不是说它们完全是荒谬的(它们能引人注意在于它们确实也有些道理)，而是说它们至少存在两个问题。

第一个问题在于这些答案一般都表现出不证自明性和不可回避性。从这一点上，它们验证了齐格蒙特·鲍曼的 TINA 信条(TINA：There Is No Alternative.)：这里没有选择余地(别无选择)(Bauman，1999，p. 98)。TINA 信条建议，在决定教育的任务和角色时，不必加入价值判断。例如，根据 TINA 信条，全球经济就是一个简单明了的现实而已，对此我们应该调整教育努力的方向，而不必如某些人要求的那样，让教育服务于特定利益。TINA 信条建议，在对教育的未来做决定的时候，只需考虑国际排行榜和经济合作与发展组织(OECD)的统计数据，而不必对它们的意义与价值进行任何调整。

98 第二个问题关涉主导的教育目标观念，即关涉教育是什么以及教育能够实现何种目标的潜在假设。关于教育的“常识性”思考，通常把教育看作新来者进入一个特定秩序的过程。人们从创设特定身份——终身学习者、好公民、成绩优异的学生——以及创设一个具有竞争性的、稳定的、成功的社会秩序这些维度来理解教育。为使这成为可能，教育过程必须被描述为一种可以应用，并带来预定结果的技术和工具。

如果该工具无效，被责备的是那些没有学习动力的学生、不能提供足 99
够支持的家长或者缺少有效教学技能的教师——而不会落到教育究竟能实现何种目标的(错误)假设上。

在前面的章节中，我介绍了一种理解教育的不同方法，该方法并不把教育理解为一种植入与适应或者构建特定的社会秩序的过程，而是将之理解为关涉独特的个体存在进入世界的过程。在本章，我想进一步探究该观点的深层维度，聚焦教育责任问题：拥有这种教育责任意味着什么？这一责任有哪些具体蕴涵？更重要的是，如果我们不把教育理解为一种技术或者工具，教育者又当做什么？

为解答这些问题，我将在本章通过讨论教化(德文为 bildung，英文有时译为 edification)的传统以及建筑的实践，来探索教育与建筑学之间的相似性。我之所以对教化的传统感兴趣，是因为这一传统，如我在序言中所论及的，尽管其表现具有多样性，却一直关注人之人性，从而代表了一种与今日主流教育话语迥然不同的教育思考与实践的方式。我在本章不会讨论我们能在多大程度上恢复或重构这一教化传统
(Biesta，2002a，2002b)。我认为应当把教化的传统理解为一系列对特 100
定问题与挑战的脉络性回应。因此，我们的任务不是复制过去，而是追问如何在教育上回应我们今日所面临的问题和挑战。在本章，我将尝试去厘清这些挑战，进而勾勒出可能的教育回应之概貌。沿着前面诸章所论及的思路，我还认为，今日教育之责任在于需创设一个现实空间，即一个多元与差异的空间，一个自由得以显现、独一的个体得以进入世界的空间。创设这一空间可能意味着什么？为考察这一问题

的答案，我将目光转向最近的建筑学理论和实践，了解其一直以来应对该问题的方法。本章的结论是，无论对建筑师还是教育者而言，创造现实空间都要具备双重解构性责任，即建造空间的责任和不断推倒它的责任。

教育和教化的传统

教化传统在今日仍然与我们有关吗？还是已然过时与陈旧了？回答这个问题，我们需要去理解教化概念的些许历史。只要简单回顾一下这段历史，我们就知道这一理念有两个维度，即教育的维度及政治的维度。一方面，如我在前言中所讨论的，教化代表一种发源于古希腊社会的教育理念，后被罗马文化、人本主义、新人本主义和启蒙运动所吸纳，最终发展成为现代西方教育传统的核心概念之一。该传统的中心议题是，究竟是什么构成了一个受过教育或有教养的人。一般而言，这个问题的答案不是从规训或社会化，即适应现存的外部秩序这方面给出的。教化更确切地是指对人内在的生命、人的心智和灵魂
101 的培育。最初人们是从教化的内容来理解教化问题的：一个受过教育
的人，是指已经掌握了特定规条的人。当特定内容的获取自身成为教化的一个组成部分，教化就此迈出了重要的一步，教化就总是被理解为自我教化(Klafki, 1986; Biesta, 2002b)。

在人们从理性自主的层面界定自我教化的启蒙运动时期，教化的现代概念得以形成。众所周知，康德为启蒙提供了一个经典的定义：

“人运用自己的理解力，从自己所招致的未成熟中解放出来”(Kant, 1992, p.90)。有趣的是，康德还认为：“人的自由思考的倾向与使命感”只有通过教育才能获得(参见 Kant, 1982, p.701；以及本书第二章)。故而他将教育置于启蒙的中心，赋予教育者释放人的理性使其具备自主性之职责。尽管康德将理性自主视为一个核心的教育理念，但他的教育思想却与一个政治问题紧密相系：在他所在的特定时空(腓特烈大帝时代的普鲁士)下的新兴公民社会中，我们需要何种主体性？康德认为，公民社会需要能够主动思考并自己做出判断的主体。

我们从对教化历史的短暂一瞥中可以了解到，教化、政治问题以及特定的政治布局之间紧密交织、环环相扣，在现代启蒙格局下尤其如此。教化应该被理解为对某个“问题”的“回应”——我们甚至可以说是对一个政治问题的教育回应。这有助于我们理解教化的传统，因为这种理解方式主张，如果我们今天想跟这个传统建立联系，我们就不应该过多追问：教化今天多大程度上仍是可能的？抑或教化传统有多 102
少能够被恢复或重建？我们更需要追问：我们今天面对何种问题？什么迫切需要我们的回应？什么迫切需要我们教育的回应？今天又是什么迫切需要我们的教育回应？我将尝试去回答这个问题。

今天，我们在哪里？

我首先想特别强调的是，我们今天所处的情形与以下事实有关，即在我们所处的世界中，普遍、普遍价值观、普遍真理之理念，都受到了质疑。但不能因为我们发现人的历史一直具有多元性就认定我们生活在一个多元的世界，这点是关键。人们理解和看待多元化的方式发生了变化。置身多元之外、保持中立立场，我们就有可能去审视、观察、描述并给出多元化的定义吗？人们对这一观点产生了质疑。通过区分多样性(diversity)与差异(difference)，我们可以描述紧迫的现实。(Bhabha 1990；Säfstrom and Biesta，2001)。多样性试图将多元化看作相同背景之下的各种变异，或者一个总体框架的假设内的不同位置。例如，根据隐含着普遍人性文化差异的角度来思考多元化，认为我们所有人基本上是相同的，我们的差异"仅仅是文化上的"。这一观点的问题在于，如霍米·巴巴(Homi Bhabha)所言，"普遍主义自相矛盾地默许了多样性，却遮蔽了民族中心主义的规范、价值观与利益"(Bhabha，1990，p. 208)，并且"总体上没有认识到其文化和政治的判断得以建构的普遍主义的和规范性的立场"(Bhabha，1990，p. 209)。

而另一方面，当我们与差异相遇并经验到这种差异时，——这通常意味着当差异与我们遭遇时，我们才具备了差异性。这里蕴含的认识是，通过将差异置于一个总体框架之内而去定位、理解并领会的企图要在框架之内的一个立场下才能达成——这已经表明框架本身并不是总体性的，正如该立场不是简单地在框架之内一样。认真看待差异，意味着我们必须放弃以下观点，即我们能够且应该在充分与他者交会之前理解和把握他者性与差异，或者说，有关他者知识是与他者交会必要而充分的条件。对待多元性与他者性，差异所诉求的是一种不同的态度，其中责任观比知识观更适切，伦理学比认识论更重要。

我想强调的第二点是，在我们生活的世界，那种人能认识人之本质的观念已然受到质疑。我在第二章曾讨论过，从哲学上讲，这一质疑一度被表达为对人本主义、对企图决定“人之本质”的批评(Heidegger，1993，p.225)，当然，放弃我们能认识人之本质的观念，并非没有危险，因为这意味着允许各种各样有关人性的定义、表达、观点。但是，对人本主义批判的关键，不是说人性的所有表现都自然而然是好的、符合需要的，而是说我们不能预设人性。阻止人成为人的机会，要比开放我们的选择可能更具危险性。这并不意味着没有判断参与或不需要判断，而是说要在人之为人的新的、不同的方式得以表现和体验之后，才需要判断。 104

对人本主义的批判并不只是出于哲学上的关切，认识到这一点很重要。我们仍生活在一个由“真正的人应该是什么”的预设定义来推动并正当合理化种族灭绝政策的时代阴影之下。在我们身边不难看到，人们常常基于对人的生命的应然定义而做出堕胎以及安乐死的决策，因而声称了解人性之真谛的人本主义就变得生死攸关了。这是之所以怀疑人本主义，怀疑任何企图对他人做出界定，甚至在生命开始之前就在人与非人分界线做出界定的最重要的原因。

我想强调的第三点是，我们生活在一个全球化的社会。认识到全球化是什么和不是什么很重要。全球化无关于创设一个公平竞争的环境。全球化是一个极不对称的过程；在这一过程中，某些实践与活动被纳入他人的逻辑之中。全球化是特定网络和活动的霸权扩张。全球化创生了相互依赖的关系，同时也创生出新的依赖。在这一层面上，我们可以说全球化是殖民主义的当代面孔。

全球化发生于诸多不同领域。最显著的毫无疑问是在经济领域。生产、消费和金融都成为全球化网络的一部分。尽管这个网络是全球性的，但主要被西方力量所掌控，比如石油输出国组织(OPEC)，经合组织(OECD)和八大工业国(G8)。其后果是，他们在全球化经济中，比其他经济体获取了更大的利益。通信与媒体的全球化以及流行文化的全球化与全球资本主义的利益紧密交织。激发全球化的与其说是建
105 立民主的世界主义的承诺，而不如说是为软件和硬件以及全球娱乐工厂的产品创建新兴市场的需要。然而，全球化有一个方面看起来却在朝相反方向发展，这就是生态问题的全球化。全球资本主义导致财富集中在世界的一方，而全球生产导致的生态问题却最终落在经济落后地区，以及因为经济发展而缺乏环境制约的地区。

从教育角度讲，全球资本主义最引人注目的特点是它“制造”出一种特别的主体，更确切的说，它主要对一种可能的主体－地位感兴趣，即作为消费者的主体。理想的消费者是“虔诚的时尚追随者”，他们的需要是资本主义生产持续扩张的需要所定义。全球资本主义对个体差异不感兴趣，它对主体性的不同风格或者样式也不感兴趣；也就是说，它更感兴趣的是开发新的舒适的市场或者发明新的潮流和时尚。在这个层面上，全球资本主义对以不同方式去成为主体、引导其人生以及成为一个人的机会构成了威胁。它倾向于把一个偶然的、作为消费者的主体，变为一个必然的、几乎自然的不存在其他选择的主体样式。在许多人的生活中，购物已经成为具有意义的活动之一，这一事实就

是全球资本主义所“主张”的主体-位置已然被“内化”与“自然化”之方 106
式的例证。

教化：创设一个现实的空间

面对这些挑战，我们应如何解读人的人性问题？进而又怎样从教育学角度进行回应？下面我将从相反的次序重新谈谈这三个挑战。

前文说过，全球资本主义只对一种主体样式——作为消费者的主体样式有兴趣。不单是有兴趣，全球资本主义还通过诸多行动和策略积极地推广这个主体定位。全球资本主义兴趣不在于使人成为唯一无二的独特个体，而只在于其生活方式。从消费的角度来看，所有个体都是可以互换的。只要有足够的消费者，是谁消费并不重要。如果传承教化传统之精髓，即教育的责任是人具有人性之责任的话，显然我们应该抵制那种认为人都是可以简单互换的单元之主张。为回应全球资本主义这一并不隐蔽的计划，我们需要把教育责任理解为一种为了**每个人**的唯一性和独特性的责任。

这就把我们带入对人本主义的讨论。前文曾提到过，人本主义的问题，源自其试图界定人的人性由何构成的渴望。人本主义强烈地表现，宣称知晓了人的真正本质，但这却明显地阻碍了人成为人之方式的多样化。人本主义的问题，绝不仅仅在于其限制了主体性的模式和样式的多样化，更在于其早在主体性显现之前就已然如此了。而教育的回应应该是开放性的：向人成为人新的、与众不同的方式开放。这一回应也因此必然具有实验性和经验性。我们务必把人性的问题当作一个实践问题，该问题需要一个伴有每种主体性新样式得以显现、每一个新来者得以抵达的回应。

当然，这并不是说，我们必须接受主体性的所有样式。主体性不单纯是一种等待表现的内在自我。如我在前面章节所述，我们进入存
107 在、进入这个世界，在于他者如何回应我们的方式。阿伦特说得好："对我们所做的保持独一无二的掌控地位具有不可能性"，这种不可能性是我们的开端得以进入世界的唯一条件(Arendt，1977b，p. 220)。这也是为什么对新开端和新开端者进入世界的关切并不必须包括对任一新开端的全然接受。它更需要的，是对新来者得以开端的社会结构的动态与复杂性的关切，也就是说，认识到以下事实，即我们总是对那些不仅能够自主行动，而且其进入世界依赖于我们的回应如同我们进入世界依赖于他们的回应一样的人产生影响。这是人之行动的困境，没有容易的解决办法。它所不断需要的，就是“新的、即时的”判断。

如果我们把这些观点勾连在一起，并追问如何与关切人性的教化之传统相关联，以回应今日我们面临的挑战，很明显，教育之责任就必须强调独特唯一的存在进入世界。这不是要通过应用教育技术去催生特定的身份或者主体性，也不是要通过特定的教育介入去创设社会秩序。但重要的是，不要忘记世界不是中立之地。这个世界，作为自由得以显现的空间(阿伦特)，必然是一个多元和差异的世界。然而，这意味着，教育以及教育者的责任，不只是对“新来者”的责任，同时也是对世界的责任。这个责任就是创造和持有一个“现实空间”，从而

新的开端得以进入存在。

然而我们该怎样运作呢？需要什么来创造和持有一个“现实空间”的存在，一个允许他者和差异的空间？这样的创造行动可能吗？抑或这又需要应用教育技术吗？为了寻找这个问题的答案，或至少理解追问这些问题背后的蕴涵，我现在转向建筑学领域，来看看我们可以从那些主要关切空间创造的领域中学到什么。 *108*

建筑：创造一个现实的空间

建筑及其用途之间有何关系？建筑能够控制其用途吗？建筑师能控制他们所设计空间的用途吗？如果可以的话，这是建筑学的恰当目标吗？对于这些问题的回答，建筑师们并没有统一的答案，且这些答案不同时期亦有不同，这并不令人意外。有些建筑师的确认为其任务是创设特定用途的空间。现代建筑学中有很多被或保守的或革新的计划所鼓动，想通过建筑来改变社会的例子。如戴安娜·吉拉尔多(Diane Ghirardo)认为，对于“形式的力量足以改变世界”以及通过“恰当的”建筑(Ghirardo，1996，p. 9)可以解决社会问题之观点的热切信念，赋予了建筑学中现代性运动之特征。我们应看到，这一趋向并没有完全消失。直到今天，建筑师和城市规划师仍在“努力做到满意”或至少尽量避免重复过去设计与规划的错误。在此，我们不应怀疑建筑师想通过建筑影响社会的善意。然而，想通过建筑学解决社会问题的愿望与创设种种限制人类行动机会的新型监控形式之间几乎很难区分开来。

莫斯博恩社区学院

在英格兰东伦敦哈克尼区的莫斯博恩(Mossbourne)社区学院，我
109 们可以发现一个很有说服力的例子，充分说明建筑成为了限制人类行动机会的新型监控形式。这是英格兰第一所公私合伙性质的学校，由著名建筑师理查德·罗格斯(Richard Rogers)与校长迈克尔·威尔肖(Michael Wilshaw)通力合作设计完成。他们的目的是“创造一个让孩子们得以成长的环境”(Neill，2004，p. 39)。但这个值得称赞的想法在实践中意味着什么呢？在莫斯博恩学院，完全没有教工办公室，这样教工与学生就没有隔离开来。恰恰相反，教工专有空间分散在整栋楼各处，方便孩子们随时寻找及进入。学校内没有走廊式通道，因为校长认为欺凌现象多发生在那里。每个教室前后都有玻璃墙，这样站在学校任何位置的人，都能看到教室里发生的事情。校长总结道：“如果有一张白纸，我会设计一个容易监视到各个角落的学校，无论发生什么都可以监视到……，一个看不到孩子或者教师觉得受孤立的地方，那可不行。瞧我这里，我站的任何地方都能看到孩子们。”(Neill，2004，p. 39)

这就是现代建筑学的功能主义症结之所在。上述案例中，原本想创造一个儿童成长环境的愿望竟然变成一种确保“适当的行为”的监控机器，因为从监控中心可以看到所有人与事。这让我们不仅想起了边沁的圆形监狱；这更是现代的圆形监狱(Foucault，1995，pp. 195-228)。

艾尔福来德·勒纳楼

建筑师能否克服功能主义？我在第二章曾论及，瑞士建筑师伯纳德·曲米正致力于应对功能主义的挑战。在其理论著作中，曲米挑战了把建筑作为一种“钉钉卯卯”“修修补补的”(Tschumi, 1994a, p. 10) 110
的艺术这种传统观念，他还挑战了建筑学的基于效率模式的功能主义概念，该概念认为“空间及其用途之间”有且必须有“一种无缝的契合”，“建筑……务必要‘有效’，以回应其指定的用途”(Tschumi, 1994a, p. 10)。曲米认为，我们不应视建筑学仅与空间的创造有关，而应把空间的使用也纳入建筑学的概念之中。这就是他主张一种“空间与事件同步的”建筑学概念(Tschumi, 1994b, p. 23)的原因。曲米认为形式与意义、空间与用途之间不能契合并不是一种失败，建筑学的优势恰恰就在于这种空间与用途之间(假定的)因果关系“不相契合、分裂和失败之处”(Tschumi, 1994a, p. 11)。

曲米的观点不只对于克服功能主义及其滥用很重要。通过将事件——顾名思义其具有不可预测性——纳入建筑学的定义，曲米间接提出了一种对主体性的不同形式、进入世界的不同方式的显现持开放态度的建筑形式。但有两个问题。第一点，曲米的建筑学概念并不必然地会带来一个现实的空间，一个能遇见他者与差异并使之得以显现的空间。尽管他的定义有助于建筑师抗拒“努力做到满意”的诱惑，然而他们依照其定义而设计的建筑、创造的空间最后仍然被用作单一文化的空间。这样看来该定义还并不完善。关于曲米提议的第二个问题在于建筑师们是否事实上在建筑实践中取得了一定的效果呢？基于建筑学即是空间又是事件这一观点设计的空间，对于建筑师而言实际上意味着什么呢？

这里存在一个真实的问题：曲米自己的建筑是否达到了自身在理
111 论上的期望？他设计的纽约哥伦比亚大学学生活动中心艾尔福来德·勒纳楼(Alfred Lerner Hall)的关键理念，就是把一系列走廊以及与走廊相似的空间都纳入建筑之中(Tschumi，2001)。这些空间的目的很明确，就是促进相遇。尽管曲米不想控制这些相遇——无论其发生或是“内容”——在这方面，他的确试图在创造一个让事件得以发生的空间——但他的方法中仍然有功能主义的痕迹，他试图为让相遇的发生成为**可能**而设计。我们可以称之为一种**消极功能主义**形式，其目标不是试图描绘应如何使用建筑、使用者应如何作为，而是力求**避免**一些行为和事件发生的**不**可能性。这种特别的建筑在多大程度上成功满足了“现实”事件之需？我们很难从该建筑上了解到这一点。也就是说，其对于建筑计划的现实逾越性。艾尔福来德·勒纳楼是一个现实的空间吗？它是被用来作为一个现实的空间使用的吗？它是一个多元和差异的空间吗？这种特定建筑的问题可能部分在于其所处的地理位置，曲米不应对此负有全部责任。尽管这一建筑必然会促进相遇，但我们不应忘记，这些相遇，既从字面意义上也是从比喻意义上来说，只是那些已经设法跨进哥伦比亚大学门槛的人之间的相遇。哥伦比亚大学学生活动中心毕竟是一所富裕的、戒备森严的北美大学校园的一部分，也就是说，很多相遇、事件以及逾越性从一开始就被排除在外了。

奥斯特蒙台梭利学校

创造一个现实空间的问题，在荷兰建筑师赫尔曼·赫茨伯格(Herman Hertzberger)的作品中也占有中心位置。赫茨伯格作品一个重要的特点，是其对集体性空间与社会性空间做出了区分，而使两者区分开 *112*
来的是相遇与互动。“社会交往使集体性空间成为社会性空间”(Hertzberger, 2000, p.135)，诸如教堂以及清真寺等集体性空间，几乎都是围绕着一个讯息发布中心而组织起来的。在剧院和礼堂，同样也是以汇聚注意力为导向而组织的。在所有这些情况，“都有一种全纳性的结构，鼓励所有参与特定组织事件的人有共同的关注，和谐相处”(Hertzberger, 2000, p.135)。尽管集体性空间的确具有社会性的功能，但赫茨伯格却强调需要另外一种空间，该空间并不针对“某种同样的活动”，而是被“组织起来”，即“所有人都能按照其自己的意愿和动机做事，都有机会在与他者的交往中去寻找自己的特有空间”。(Hertzberger, 2000, p.135)。这与街道或城市的空间品质是一致的。在赫茨伯格看来，城市是“社会的模型”，是“我们的宇宙和舞台，我们成群结队地出现，探寻社会情境，对照他者评价自己”(Hertzberger, 2000, p.120)。这样，赫茨伯格的城市概念就与现实空间、相遇与差异的空间观念甚为接近了。对赫茨伯格来说，“城市”是一个我们自身“执迷于彼此评价、映照、争斗”的空间，因为“决定我们是谁的不是我们，而主要是他者”(p. 120)。因此，城市的“目的”是“为我们提供去审视、评价、观察以及邂逅彼此的机会”。(p. 120)。

我们要认识到，对于赫茨伯格来说，城市主要是对我所说的现实空间的一个**隐喻**。赫茨伯格不仅指明了“公共”以及“私人”概念的相对性，即现有的城市从定义上来说不是公共的、社会的空间。他还强调了建筑师“必须继续扎实奋进，以建筑学与城市规划学的方法去维护私
113 人‘堡垒’的开放性以及街道的连续性，这样，集体就不会为了加强私人的利益而被消弱。”(p. 134)。赫茨伯格最为关切的是准公共空间，如购物商场以及戒备森严的大学校园——看起来可能具有公共性，但实际上是围绕私人利益而组织起来，限制并约束相遇及逾越的空间。这就是为何赫茨伯格主张集体用的建筑应被组织地“更像城市”的原因。(p. 137)正是在这里他看到了建筑师的主要责任。

赫茨伯格认为，“建筑师需要具有一种有意识、有目的的态度，才能赋予建筑内在空间以社会性空间的质量”(p. 156)。但这本身并不足够，“如果一个建筑要正常发挥作用，就必须组织起来，以便人们能够真正地实现相遇”(p. 156)。与莫斯博恩学院的设计师一样，赫茨伯格强调了可视性、“关键视线开阔区”以及“透明度”的重要性。但不同的是，赫茨伯格所关心的并不是任何事物都可见、任何人都被监视的圆形监狱，对他来说，可视性所关涉的是“为了与他者相遇或不相遇可见的关系及可能性”(p. 156)。因而，他的结论是：“我们必须不断寻求空间的形式，使建筑具有一种人人得以相遇的特定结构。”(p. 172)。

在我看来，赫茨伯格在创造现实空间的问题上不仅比曲米更有洞

察力，而且他的一些建筑在应对这一挑战上也更为成功。他最近的一座建筑是“奥斯特蒙台梭利学校”(Montessori College Oost)，是一所位于阿姆斯特丹的中等职业教育学校。学校有1200名学生，95%学生来自大约50个不同的国家(Bergers，2003，p. 231)。学校建筑最显著的 114
特点是一个带有阳台和栏杆的大中庭，无数楼梯桥将其区分开。在建筑的任何一个角落，都有楼梯、台阶和长凳可供落座和写字。首次体验到这种建筑的使用，我认为赫茨伯格的确成功地创设了一个人人得以相遇的、他称之为具有“城镇品质”的建筑，在这里，人们有彼此相遇、使用设施、组织事件的机会。阳台和楼梯间有很多视线开阔区域，提供了视线交接的机会。该校负责人尼克·摩恩(Nico Moen)认为，视线开阔区域有诸多效果，其中之一是“学生更尊重彼此了，彼此之间也能以积极的方式制约对方”(Bergers，2003，p. 231)。有趣的是，不具备这种可视性的唯一空间——厕所——常遭受故意破坏、弄脏，成为一个是非之地。该问题的“解决方法”一直是，把厕所的门都移到大厅。尽管摩恩对此不甚满意，但他将之视为“在监管与隐私之间寻找平衡的持续斗争”的一部分，而这正是隐含在蒙台梭利教育路径和这一特定建筑设计中的一个关键教育原则。

结论：教化或建筑的悖论

从上面这些例子中，我们可以得到以下结论：建筑师不可能完全脱离功能主义。当然，唯一可以解脱的办法就是，什么都不要建，但这就意味着建筑的终结。这就是建筑师的两难和建筑学的悖论。如果建筑师想要逃避功能主义，如果他们想要放弃控制的欲望，他们就得
115 放弃建筑学；然而，如果建筑师想成为建筑师，如果他们想担负建筑师的责任，他们就得或多或少成为功能主义者。在某种意义上，这两种选择都背离了建筑师的责任，或者至少背离了那些不愿控制人们如何使用建筑的建筑师的责任。但是脱离这个两难困境的方法——更应该说是进入的方法——不是选择其中的一个选项，而是严肃地对待这个矛盾，在对什么是建筑师的理解中，赋予它一个中心的位置。建筑师的职责，借用德里达(Derrida 1992，p. 80)的观点，我想称之为双重的职责：既对空间负责，又对事件负责；既对设计负责，又对设计的逾越负责；既对建筑负责，又对建筑的失败负责。

所以我想说，对教育者而言，其职责与建筑师的职责并没有根本的不同。在本章以及前面的章节中，我讨论过：从社会化中区分出来，即从将新来者置入一个现存的秩序中区分出来的教育，就蕴含着对独特性存在进入世界的责任。教育的工具技术主义取向无法理解这一点，因为没有哪种技术能够生产独特性的存在。作为独特性存在的人进入世界的条件是现实的空间、多元与差异的空间之存在，如果这一断言属实的话，那么这就意味着教育者的责任首当其冲是对于创造这种现实空间，或如赫茨伯格所言“城镇品质”的空间的责任。悖论在于这种空间的“现实性”并不能通过任何技术手段生产出来。如我在第三章提到的，相异之人的社群——可被解读为对现实空间的现实性的定义——仅仅存在于理性社群，即逻辑的、理性的、秩序的、结构的、

目的性社群的中断之中。但这并不意味着教育者无所作为，因为那将意味着放弃其教育责任。所以我想表达的是，教育者的责任，就在于 116
其对于教育及其失败相统一这一悖论或解构的关切。我在第三章总结说，教育者以及教师应该意识到，破坏理性社群正常运作的并不必然是教育过程的干扰，而很有可能是学生们开始寻找其自己的、独特的、乐于回应的、愿负责任的声音了。这也说明我们不能提前知晓教育者的责任以及教育的责任——这是一种在不知道应对谁负责条件下的责任。

/第六章　教育和民主的人/

117 在前面的章节中，我提出了一种理解和进入教育的与众不同的方法。该方法不以人类的真相为基础，不声称自己知道了人性之内涵，不把教育看作为生产特定身份或主体或者是为了新来者进入现存的社会秩序的过程。我提出一种聚焦于使唯一的、独特的人以诸多方式进入世界的路径。我认为，通过为他者的他性担负起我们的责任的方式，我们作为唯一的、独特的个体才得以进入这个世界。因为在这种情况下我们用自己的“声音”说话，而不是通过理性社群所代表的声音。我们进入的这个世界是一个多元和差异的世界，因为当和我们不一样的他者，接受了我们的开端，并用同样的方式，也带来他们的开端进入这个世界的时候，我们才可以进入这个世界。因此，我指出教育不仅
118 对唯一的、独特的存在进入这个世界负责，也对这个世界的多元化和差异性负责。创造这样一个世界，创造一个现实的空间，不是通过直截了当的方式就能实现的。教育更需要一种“双重职责”：创造现实空间以及摧毁现实空间。除此之外，我还试图阐述另外一种理解教育的方法，以应对我们今日所面对挑战，包括学习时代中教育之语言缺失的挑战。

我想在本章中说明的是：这一理解与进入教育的不同方法何以重要。我聚焦现代教育的一个中心问题：教育在民主社会中的角色。其后，我提出一种对民主教育的理解，即不将民主教育看作培养民主的公民的过程，而是围绕我在本书中提出的关键概念和观点，重构民主和民主教育。

对民主和教育的重新审视

民主的问题总是与教育的问题紧密交织。自雅典城邦开始之际，政治思想家与教育思想家们就已经探询过：什么样的教育可以为民众更好地参与统治社会的活动做准备。尽管今日复杂的世界与雅典城邦没有什么相似之处，政治和教育的关系问题却如那时一样重要和紧迫。新兴民主国家的学校，被认为在民主公民的塑造和民主文化的形成中担负着关键性角色。在老牌的和成熟的民主国家，教育被认为在民主生活的维持中起着中心作用，今天仍经常被号召用来应对特别是在青年中出现的政治冷漠。教育的日益市场化，以及随后对于学校民主掌控的失败，更进一步说明为什么在世界上很多国家，关于教育和民主 119
的关系问题又频繁出现在日程表上的原因(例如：Torres，1998；Saltman，2000；Mclaughlin，2000；McDonnell et al.，2000；McNeil，2002；Wells，Slayton，and Scott，2002；Biesta，2004a)。

但是，我们应如何理解民主和教育的关系？在本民主社会中学校的角色是什么？在本章，我将指出这些问题的答案之关键在于，我们如何看待民主的人(Westheimer & Kahne，2004)。用一个更哲学化的术语做出表达：它依赖于我们关于一个民主社会需要和必须要有怎样的主体之理念。一个具有影响力的观点是，民主需要的是能够自由和独立做出判断的理性个体。该观点形成于两个多世纪之前启蒙时代的哲学家们，一直影响到今天(例如 Rawls，1993，1997；Habermas，1996；Drzek，2000)。其导致了以下信念：学校的任务就是“创造”或者“生产”这样的个体。学校应该通过灌输民主公民得以养成的知识、技能和素养，让儿童“为民主做好准备”。

但是，这一民主教育的观点存在几个问题。首先，这一思考方式建立在民主教育的工具主义观之上，即在教育被视作一种能带来民主的工具——如果民主教育没有做到这一点，教育机构就很容易受到指责。这里的问题是，学校被架到一个位置上，不得不担当起民主未来的全部责任(我们都知道当遇到民主问题的时候，政治家想要指责教育
120 是多么容易的事)。事实上，让学校承担这样的重担不但是不公平的，而且学校可以“成就或者破坏”民主的假定也是不现实的。“生产”民主的人这种教育观的第二个问题是其蕴含着一种**民主教育的个人主义取向**，教育的努力聚焦在为个人预备一套合适的装备：民主的知识、技能和素养，而不必询问他们与他者的关系，以及他们在学习和行动的社会和政治脉络。这又关涉第三个问题：这种民主教育观依赖于**民主本身的个人主义观**。该观点认为民主的成功依赖个人的知识、技能和素养，以及他们践行民主的个人意愿，且仅当所有公民受到“恰当的”教育并行动时，民主才是可能的。这样的断言是有问题的：如果我们

认为民主只有建立在一个共同认同的基础上才能存在，那我们是否认真思考过民主？民主的挑战难道不正是在于我们与那些不同于我们的人共同生活在一起的能力吗？(Säfström & Biesta，2001)

在本章，我希望提出一个对于民主教育的与众不同的理解，即不以民主教育是“生产”民主的人这一观念为中心，也不认为民主的人是一个拥有一套事先设定的知识、技能和素养的孤立个体，而认为民主关乎多元和差异而非认同与同一。换句话说，我希望探索：是否可能克服民主教育的工具主义和个人主义，即克服民主教育是生产民主的人这种观念。我相信挑战民主教育的上述观点非常重要，不仅因为它对学校目标提出了不切实际的期望，而且因为它通常将事关民主未来的重担，过多地施加于学校而过少地给予社会。本章关注的焦点就是 121
关于民主的人的三种概念的讨论：民主主体之个人、社会和政治的概念。其主要受到汉娜·阿伦特的启发，建构于前几章观点的基础上，为我们提供了一个克服民主教育理论和实践中工具主义和个人主义的方法。我还认为，这一理解有助于我们更加现实地看待学校以及其他教育机构的目标，有助于我们对社会期待有更清晰的认识。我的结论是：学校既不能创造也不能拯救民主，只能支持那些使民主行动及民主主体性具有实现可能性的社会。

定义民主

关于民主的任何讨论都必然会涉及民主的定义。尽管民主的字面意思不是很难掌握——人民(people, demos)的统治管治(rule, kratos)，但随着时间的推移，又提出了很多对于民主是什么的不同解释(比如：Held, 1987, 1995；Gutmann, 1993；Mouffe, 1992)。这些解释不仅对于统治的实际意思是什么这个问题的答案不同(例如，是直接参与或者是间接代表)，谁应该被当作“人民”(比如，是自由人，土地所有者，女人、儿童，还是所有人)，以及对于实行民主的理由的看法也不同，从民主是让人得以充分发展的最优环境，到温斯顿·丘吉尔的民主是“最坏的政府形式，除了所有那些已经被试过的(更坏的)政府形式之外”(Shapiro, 2003, p. 148)。

与民主概念有关的主要的问题之一是，它已经成为一个很多人都
122 想有关联的概念。比如赫尔德(Held)观察到，“今天几乎所有人都说他们是民主主义者，不管他们的观点是左、中，还是右”(Held, 1987, p. 1)。因此，这里存有一个真正的危险——民主有太多的涵意，以致不再有任何涵意了。一些人对此的回应是，我们应该理解民主是一个“必定会有争议的概念”(Gallie, 1955)，也就是说，是一个涵意不断变化和争论的概念，这不是因为人们不能认同它的定义，而是因为民主真正的理念恰恰呼求对民主的实际意义和责任进行持续的讨论和重新评估。这就是约翰·杜威当时的想法，他写道：民主真正的理念“需要持续不断地被发现，再发现，被重建和再组织”(Dewey 1987a[1937], p. 182)。那么，我们该如何定义民主呢？

我们可以采用亚伯拉罕·林肯的广义民主定义：“民有、民治和民享的政府”(Lincoln, 引自 Torres, 1998, p. 159)。比瑟姆(Beetham)和

博伊尔(Boyle)在他们由联合国教科文组织(UNESCO)委托编写的关于民主的书中，提出了一个更精确一点的定义，民主关注双重原则，即“对于集体决策的**大众控制**及其操练中的**权利均等**”(Beetham and Boyle, 1995, p. 1)。他们的定义包含这样的理念：影响一个社群的决策应该由全体成员一起做出，而且每个人在决策过程中都应该享有平等的权利。这样，他们的定义就与杜威关于民主的洞见不谋而合：民主“决不仅仅只是治理的一种形式”，它“更根本地是一种相互关联的生活方式”(Dewey, 1966, p. 87)。这种民主的社会观(Festenstein, 1997)认为，民主不只与政治领域中的集体决策相关，更与广泛地参与社会和政治生活的“建构、维护和转型”相关(见 Bernstein, 2000, p. xxi; Barber, 1984, 1998)。换言之，民主的社会观所表达的是，民主关涉广泛的社会和政治的行动方式。

如果这足以作为一个民主的可行定义，那么，又该怎样理解民主 123
和教育的关系呢？下文我将讨论对该问题的两个最为流行的回答：“**为了**民主的教育”(education for democracy)和“**通过**(education through democracy)民主的教育”。

为了民主的教育

对民主和教育之间的关系最常见的理解是，教育的角色是为儿童——更广泛地说是为“新来者”——将来参与民主生活**做准备**。有鉴于此，民主教育的角色由三部分组成：(1)教授民主和民主的程序(**知识**

部分)，(2)促进如协商、集体决策和处理差异等民主技能的获得(技能部分)，(3)支持对于民主的积极态度的获得(素养或价值观部分)。

许多教育家和政治家的确相信，学校和其他教育机构在为下一代参与民主做准备方面起着重要作用。我们通过一些书名就可以看到这种理念：《为了民主的学校教育》(Giroux，1989)，《培育民主的头脑》(Parker，1995)，《创造公民》(Callan，1997)，以及《开发青年的民主素质》(Soder et al.，2001)。艾米·古德曼(Amy Gutmann)在她的《民主的教育》(1987)中也表达了这个观点。她将政治教育定义为一个"培育政治参与所需要的美德、知识和技能"的过程，她指出，政治教育的目的就是"为公民有意识地参与社会的重建做准备"(Gutmann，1987，p. 287)。

124 毫无疑问，为儿童和其他新来者在民主社会的角色做准备，是学校和其他教育机构的一个重要任务(尽管我随后将指出，关于这种"准备"的本质，还有一些重要的问题要提出来)。近期的争论中，一个关键问题是学校是否应该积极地促进民主(素养和价值观部分)，或者他们是否应该只聚焦在教授民主知识和民主技能上(知识和技能部分)。卡尔(Carr)和哈特尼特(Hartnett)在他们关于民主教育的著作中指出：为了民主的教育，其首要目标应是"保证所有未来的公民都有参加社会中民主生活所必须的最低限度的审慎推理的知识、价值观和技能"(Carr and Hartnett，1996，p. 192)。古德曼也有一个类似的观点："一个支持有意识的社会重建的社会，必须教育所有可教育的儿童，使他们能够参与集体塑造社会的过程"(Gutmann，1987，p. 39)。可见，他们好像都对学校应该积极促进民主和民主价值观的观点有所保留。

通过民主的教育

尽管有很多好理由支持为了民主的教育，但通过这种刻意地教授民主的方法所能实现的结果是有限的。正如政治社会化的研究所表明的，学生不仅从他们所被教授的内容中学习，也从他们参与的其他情境中学习——且常常学习得更多、更有效(Torney-Purta et al.，2001)。学校也许有教授民主和公民知识的示范性课程，但如果学校内部的组织不能做到民主化，学生的民主态度及民主倾向无疑将会受到负面的影响。

正是由于这个原因，许多教育者指出：*为了*民主的教育，其最好 125
的方式是*通过*民主，即通过教育的民主形式进行教育。阿普尔(Apple)和比恩(Beane)在他们的《民主的学校》(*Democratic School*，1995)中认为，民主化的学校教育既需要创设“使学校生活得以进行的民主化构架和程序”，又需要创设“赋予年轻人以民主体验的课程”(Apple and Beane，1995，p. 9)。他们提供的案例揭示，民主化的学校教育是可能的，尽管其绝非易事。它需要持续广泛地关注学校以及学习环境的民主化质量。阿普尔和比恩强调，正是在“日常生活的细节中”，而不是“在浮夸的政治辞藻中”，“形成了最强有力的民主之内涵”(Apple and Beane，1995，p. 103)。

这样，*通过*民主的学校教育，可被看作一种特定的*为了*民主的教育方式，其维持了为民主做准备的最好路径，即通过参与民主化的生活本身。当然，这个理念还要延伸到学校围墙以外的生活。尽管学校在青年人的生活中占有重要地位，他们也作为消费者和互联网使用者等身份在家里、社会中生活和学习。(Biesta and Lawy，2006)。因此，从教育的角度来看，提出关于这些环境的民主化质量问题也是十分重要的。考虑到这点，支持民主参与这一形式的人认为："在参与型民主理论中，参与的主要功能是教育性"(Pateman，1970，p. 42)。这里的假设是，参与的经验确实"会发展和培养民主人格"(Pateman，1970，p. 64)。

民主作为教育的一个问题?

尽管"为了民主的教育"和"通过民主的教育"有显著的区别，它们
126 至少在一个方面是类似的：它们都关注如何能为儿童和青年将来参与民主做最好的准备。强调个体的准备——或通过为他们装备"正确的"知识、技能和素养，或通过培养他们内在的民主人格——这两种方式都力求回答如何培养或催生民主的人这一问题。在这方面，为了民主的教育和通过民主的教育在其民主教育的方法中都表现出了工具主义和个人主义。可以这么说，这两种方法都认为民主对于教育是一个问题，是在他处规定的、施加给教育者的一个问题，且教育者、学校和其他教育机构必须为该问题提供一个解决的办法(也就是我之前说的，如果民主出错，教育就会被指责)。

但是问题在于，这是否是理解教育在民主社会中的角色的唯一可能方式？我的观点是，我们如何回答这个问题，应该依赖于我们关于民主的人的看法。在下文中，我会对什么构成民主主体即民主的人这一问题提供三种不同的答案：康德的**个人**主义概念；杜威的**社会**主义概念；阿伦特的**政治**主义概念。康德的个人观的确可以引导出这样的结论：教育应该“生产”民主的个人。杜威的社会观则认为，民主的人只能通过参与民主化的生活而显现出来，而不能孤立地被创造出来。尽管杜威对于民主的人持社会性的概念，然而，他的民主教育观仍然有着工具主义和个人主义的特征。阿伦特关于民主主体的政治概念，使超越这一作为民主的创造者和捍卫者的教育观成为可能。

伊曼努尔·康德：民主的人的个人主义概念 127

康德哲学源起于欧洲启蒙运动。启蒙思想家，如康德，对欧洲国家变动不居的政治形势——从绝对主义统治方式过渡到更为民主的管理模式(最为著名的是普鲁士、法国以及苏格兰)——做出了回应。这引出了公民社会中起作用的公民需要何种素质的问题，即民主成为可能所需何种主体性的问题。启蒙思想家所给出的答案是：民主的社会需要能够自主决策、自主思考的个体。康德对此深有体会，他把启蒙运动的格言描述为：“要敢于认识”——鼓起勇气去运用自己的理性(Kant，1992，p. 90)。

对于民主需要何种主体性的问题，康德的回答强调的是每一个体无需外在指导而运用自己的理性的能力。这就揭示出了康德关于民主的人这一问题理解的个人主义倾向。在康德看来，民主的人是那种能够自己思考、自主判断的人。所以，康德式的主体是一个理性、自主的主体，而民主教育的任务就是释放人之主体的理性潜能。

如前文所述，康德的作为理性自主的主体性观念对现代教育理论与实践有着巨大的影响。例如，从康德、皮亚杰到柯尔伯格，其研究都是一脉相承的。皮亚杰与柯尔伯格的认知理论与道德发展理论分别传承了康德的认识论和道德哲学。理性自主的观念也是博雅教育的一
128 条指导性原则，在批判性思维作为教育理想的讨论中也扮演着中心角色。有人甚至认为，理性自主并不能简单地理解为教育目的，而是所有教育的唯一目的(进一步讨论，见 Biesta and Stams，2001)。康德的两种观点，即民主教育的任务在于培养理性自主的人，以及教育是生产理性主体的观点都直接或间接地对民主教育产生了很大影响。

尽管康德哲学关于主体性的理解一直影响深远，但其个人主义和理性主义的倾向却不断地遭到激烈的批评。思想家们，如尼采、弗洛伊德和福柯，纷纷指出，主体性的起源不是主体自己的理性思考所能发现的，而是那些超越理性控制的力量和过程所构建的。哈贝马斯(Habermas)也批评了康德的个人主义的理性主义。他指出理性不是个人意识的产物，理性出自沟通的生活。同样，实用主义者如乔治·赫伯特·米德(George Herbert Mead)和约翰·杜威(John Dewey)都对康德的个人主义和理性主义的理论体系提出质疑。对我而言，杜威是最出色的思想家，因为他对康德主体概念的批评和替换，与教育和民主

的问题紧密相关。

约翰·杜威：民主的人的社会概念

在某种意义上，杜威的主体性概念与康德哲学可以说是相隔甚远。然而在康德看来，所有一切都开端于理性存在的思考活动——康德写道："我思"(Ich Denke)，这是"最高点，我们必须把所有的理解力活动都归因于它。"(Kant，1929，p. B134)而杜威则认为理性不是"本源性材料"，而是"已获得之物"(Dewey，1980，p. 60)，它是"生活的联系、 129
交往、传递和积累的产物，而非这些事情现成的前因"(Dewey，1980，pp. 60-61)。这是杜威自己承认的哥白尼式的革命："旧的中心是理智"，"新的中心是不确定的相互作用"(Dewey，1984，p. 232)。杜威不赞成"源于个体意识的假心理学"(Dewey，1983，p. 62)，他认为人是"不断累积的机体"(Dewey，1988，p. 15)，即通过社会媒介相互作用而形成的包括思考和反思习惯的活的机体。

与社会媒介的互动不是一个单向过程，其中，新来者不只简单接受他们团体或文化活动的现有意义和模式。互动是参与，而参与是杜威所理解的沟通的核心概念。对于杜威来说，沟通不是从输出者到接受者的意义传送过程，而是"在至少两个不同的行为中心之间"制造共同性的过程(Dewey，1958，p. 178)。它是在"活动中建立合作，其中合作者任何一方的所有活动都是被合作伙伴关系加以改变和规范的"(Dewey，1958，p. 179)。因此，沟通是一个完全的**实践**过程(Biesta，

1994)，在该过程中，行动的模式得以形成和改变，思想被分享、重造和重构，而通过这个过程，个体得以成长、变化和转化。

当然，杜威不想否定人有思考和反思的能力，从这个方面说，人是理性的存在。杜威想要挑战的是假定理性能力是天赋的这种哲学传统。如他在《经验和自然》(*Experience and Nature*)中所写："智力和意
130 义"，"是人际互动所采用的特有形式的自然结果"(Dewey，1958，p. 180)。他还写道："心智的现实化"，"依赖于社会条件所设定的教育"(Dewey，1954，p. 209)。思考和反思的能力，即杜威所指的"智力"，可以被认为是有社会根源的，由此可以认为杜威持有主体的社会概念。

我们可以说，在一个更普遍的意义上，杜威认为只有通过参与社会媒介之中，我们才能成为我们之所是。这是杜威在表达教育是一种"社会功能，通过他们参与所属团体的生活，确保未成熟者的方向和发展"时的想法(Dewey，1966，p. 81)。如果是这样，那么对于未成熟者(杜威用语)或新来者(我的用语)参与及学习的生活质量，我们就要追问很多重要的问题。这正是杜威在《民主与教育》(*Democracy and Education*)中提出的观点。他指出一个有着许多不同兴趣的、可以与"其他形式的团体"完全自由互动的社会团体，比一个孤立于其他团体、被有限的兴趣维系在一起的社会团体更受青睐。在前一种社团中，有许多让个人发展和成长的机会，而在后一种团体中，这种机会是有限的和受严格控制的。杜威写道，这样的社会所提供的教育是"不完全的、扭曲的"(Dewey，1966，p. 83)。换句话说，一个团体或者社会，有许多

可以分享的兴趣，可以“与其他形式的团体完全自由互动”(Dewey, 1966, p. 83)，就能确保“力量的解放”(Dewey, 1966, p. 87)。而一个“民主构成的社会”的特征恰恰就是“可共享领域的拓展”和“个人能力多样性的解放”(Dewey, 1966, p. 87)。

但要注意的是，杜威并不只是说，一个更加多元的社会为个人发展各自的力量和能力提供了更多选择的机会。尽管这一思考沿续了杜威主体性的社会概念，但杜威并不认为社会和个人的关系是个体是由社会所塑造这一单向过程。对于杜威来说，关键不是兴趣各有不同，而是人们在多大程度上有意识地共享这些不同的兴趣，即个体在多大程度上意识到以下事实：个体的行动只是更大的“社会组织”的一部分， 131
所有个体“不得不将自己的行动归功于他人的行动，不得不考量他人的行动以获得自己行动的意义和方向” (Dewey, 1966, p. 87)。这就为杜威的主体性的社会概念增加了一个新维度：他认为要成为主体或如他所说的“个人化的自我”(Dewey, 1954, p. 150)，意味着要先去参与塑造社会脉络，然后社会脉络再来塑造个体性。(参见 Festenstein, 1997, p. 70)社会环境塑造人的主体性，而主体又作为这种社会环境的塑造者，这种主体观是杜威对民主的人的理解的核心。

塑造人的主体性的社会环境在其被塑造的过程中，起到关键性作用的智力是**社会**智力。社会智力既是参与智力合作的需要，同时也是其结果。如卡尔(Carr)与哈特尼特(Hartnett)所说：“通过参与这一过程，人们以有利于实现其自由及重塑社会的方式，发展那些使其得以重构自身及社会的智力”(Carr and Hartnett, 1996, p. 59)。在杜威看来，这就是民主的内涵，因为在民主体制中，“所有被社会机构影响的人……共享、共创和共治。人们做事、享受、成为人无不受到其所生活的体制影响，所以，民主中的人应当拥有塑造他们的声音，这二者构成了同一事实的消极面和积极面”(Dewey，1987b，p. 218)。

在杜威看来，民主和教育有着密切的联系。首先是因为，民主是有效地促进和支持“解放人的能力使之发展完善”的社会互动的方式(Festenstein，1997，p. 72)。其次，通过参与民主的生活，我们成为一个民主的人，即一个拥有社会智力的人。杜威的观点给出了一个通过民主进行教育的例证。通过这两条思路，我们能看到杜威民主的人的概念如何克服了康德的个人主义观。然而，杜威关于民主教育的观点却仍然是工具主义的路径，因为他将参与民主看作创造或生产具有社会智力的人的方法。在这一层面上，我们甚至可以说，杜威的民主教育观具有个人主义的痕迹，因为对杜威而言，民主的人是具有某些“特质”或“品质”(例如，社会智力)的人，民主教育的目的是产生这种个体。恰恰就在这一点上，汉娜·阿伦特的工作使我们对民主的主体性发展出不同的理解。

汉娜·阿伦特：民主的人的政治概念

如我在第四章所讨论的，汉娜·阿伦特的主体性概念源于她对积极生活(vita activa)的理解。积极生活是实践的生活，阿伦特想把它重新恢复到自西方哲学开端就被沉思生活(vita contemplativa)所排除的适当位置。阿伦特将积极生活分为三种：劳动、工作和行动。**劳动**是与人身体的生物过程相对应的活动。而**工作**，是与人的存在的“非自然性”相对应的活动；它与生产、制作、工具相关。它与制作有关，因而“完全由方法和结果的范畴决定”(Arendt，1997b，p. 143)。而**行动**， 133
是“直接在人与人之间发生的”活动，不需要“事情或者事物的中介”(Arendt，1977b，p. 7)。

在阿伦特看来，行动首先意味着采取主动，开启新事物，并将新事物带进这个世界。阿伦特认为人的特征是“**开端**”(initium)，一名“**开端和开端者**”(beginning and beginner)(Arendt，1977a，p. 170)。作为开端的行动与出生这一事实相对应，因为随着每一次出生，新的和独特的事物将会进入世界(Arendt，1977b，p. 178)。但并不是只有人降生之时，新的独特的事物才会进入世界。阿伦特强调通过我们所做的一切，我们不断地将新事物带进世界。

根据这一思路，我们可以说，阿伦特的主体性与行动有关：成为主体意味着行动，将一个人的开端带入世界，行动就开始了。然而，这里的关键是：为了行动，为了**成为**主体，我们需要他人对我们的开端有所回应。如果我开始做什么，但是没有人回应，没有什么人或者事跟随我的开端，那么我的开端就不会进入世界，也就不会**成为**一个主体，**我**也就不会进入世界。另一方面，当我开始的时候，其他人也有所回应，我就会进入世界，而就在这个时刻我**成为**一个主体。但问题是，他者对我的开端的反应是不可预测的，因为我们的行动只能影响“那些能够自主行动的人”(Arendt，1977b，190)。然而，正是在“保有我们所做之事的独特掌控地位的不可能性”这一条件下——也是唯一的条件——我们的开端得以进入这个世界(Arendt，1977b，220)。

134 当然我们也可以试着掌控他者对我们的开端进行回应——阿伦特承认这样做很有诱惑力。但如果这样做，我们会让他者成为实现我们目的的工具，这意味着我们剥夺了他者存在的机会，剥夺了他者通过自己的开端而带领自己进入世界的机会。我们剥夺了他者行动的机会，于是也剥夺了他者成为主体的机会。

这意味着行动，不同于生产(工作)，是不可能孤立的，这就是为什么阿伦特指出“被孤立就是被剥夺了行动的能力”(Arendt，1977b，p. 188)的原因。为了能够行动并成为主体，我们需要他者，需要对我们的开端有回应的他者，来接受我们的开端。这也意味着，如我们所知，在没有多元化的条件下，行动是不可能的。一旦我们抹杀了多元性，一旦我们试图通过控制他者对我们开端的回应方式而抹杀了他者的他性，我们不但剥夺了他者的行动，同时也剥夺了我们行动、进入这个世界进而成为主体的可能性。因而，用阿伦特的话说，我们将会脱离了行动的层面而进入了工作的领域。

按照这一思路，阿伦特为我们提供了对人的主体性的理解，其中，主体性不再被看作个人的一种特性，而被理解为一种人际互动的特征。阿伦特指出，主体性只存在于行动之中——“不在之前也不在之后”(Arendt，1977a，p. 153)。如我们所知，这是她之所以建议行动和主体性应与表演艺术相比较的原因：表演艺术家展现他们的“卓越技巧”需要观众，“就像行动者需要他者在场才会现身一样”(Arendt，1977a，

p. 154)。表演艺术和创造性艺术的区别，当然不是创造性艺术——“制作”(making)的艺术—— 没有观众也可行。二者差异的关键在于：表演艺术家的艺术作品只在表演之中存在——不在之前，不在之后。戏剧的剧本可以和画作一样留存；但戏剧只有在表演时才会作为艺术作品而存在。类似地，个人可能会有民主的知识、技能和素养，但只有 135
在行动之中——这指的是被他者以不可预测和不可掌控的方式所接受的行动——人才会成为民主的主体。

尽管我们可以把阿伦特的观点当作主体性的社会概念——毕竟阿伦特认为在孤立的状态下我们不能够成为主体，但我更倾向于称之为主体性的政治概念。主要原因在于，阿伦特认为只有在他者也能成为主体的条件下我的主体性才是可能的。因此这不是所有社会条件都能做到的。在试图控制他者的回应或剥夺他者开端的机会的条件下，我们就不能进入世界；主体性就没有可能性。换言之，阿伦特将主体性与政治生活，即我们所生活的公共领域——不得不与相异于我们的他者共同生活——联系起来。在这里，我们不难看出主体性与民主之间的联系：民主可被理解为一种条件，每个人在其中都有成为主体的机会，即去行动并通过他们的行动将其开端带进多元与差异的世界(Biesta，2003b)。

教育与民主的人

康德的民主主体概念很显然是个人主义的。他把主体性定位于人的理性思考的能力之中。当然，理性思考并非不重要，因为要成为民主社会的主体，绝对需要批判和独立判断的能力。尽管教育在康德哲学中扮演着重要角色，但其只是将被认为早以某种形式早已存在的理
136 性潜能引导出来而已。教育应当支持人的理性发展过程。而且，康德认为：所有人的理性能力基本相同；理性具有普遍性，并不随着历史或社会的变化而变化；所有人在原则上都可能达到启蒙的状态，即人们得以自主思考的条件，只要他们还没有达到这一阶段，其理性发展就有待进一步完善。康德的主体性概念应用到教育上也是个人主义的，因为他所设定的教育任务所针对的是孤立的个体。换言之，康德为强调个人的知识、技能以及素养发展的民主教育形式(其具有我所提及的“为了民主的教育”之特征)提供了理论依据。但康德没有提出关于主体性的社会、物质和政治条件的问题。

杜威关于民主的人的社会概念，则非常清晰地将脉络维度带入我们的视野。他认为：我们只有通过参与社会媒介之中才能成为我们之所是；成为民主的主体或者“个人化的自我”意味着我们参与到塑造我们个体性的情境之中；我们参与社会生活所需要的智力不是天赋的，而是我们参与社会互动的结果；通过参与民主的合作形式，我们获得了社会智力。杜威的这些观点，使得教育与民主的关系变得与众不同，因为按照杜威的理解，我们可以认为，教育需要为社会智力的形成提供机会，这意味着教育自身必须是民主地组织起来的。这样，杜威关于民主的人的概念，为强调通过参与民主生活进而培养民主的人的民主教育形式(其具有我所提及的“通过民主的教育”之特征)提供了理论依据。然而，杜威的民主教育观注定是一种工具主义和个人主义的观

点，一是因为他将参与民主生活看作民主的人得以创造或产生出来的途径，二是因为它将民主主体看作具有特定品质或特性，尤其是具有“社会智力”的个人。 137

阿伦特关于民主的人的政治概念为理解人的主体性引入了一种与众不同的路径。在阿伦特看来，主体性不能用人的特性加以定义，而应将之理解为一种人际互动的特性。阿伦特从根本上将主体性置于行动之中——不在之前，不在之后。只有在他者将其开端带入世界的机会畅通无阻，并以此接受我们开端的条件下，我们才是主体。这一思路，如我在下文所述，为一种与康德或杜威的民主主体概念显然不同的民主教育方法提供了理论依据。

民主教育的三个问题

将主体性放置于人际互动的层面而不是局限于人的“内在”，阿伦特让我们对教育和民主之间的关系有了不同的思考。她有关民主主体的政治概念提出了关于民主教育的一系列新问题。尽管传统教育策略强调如何为儿童和新来者未来参与民主做准备的问题，阿伦特还是极力主张放弃教育为未来做准备的这种理解。按照阿伦特的观点，教育不应被看作准备之地，而应被看作人可以在其中行动，将其开端带入世界，进而成为主体的场所。因此教育的问题不再是如何“催生”或生产民主的人。教育的关键问题是个人如何成为主体，铭记我们并不能 138
一直作为主体存在，因为我们只有在行动中，即当我们与他者在一起的时候才会成为一个主体。

从民主教育的角度，这意味着对学校和其他教育机构，首先要问的问题不是他们如何将学生培养为民主的公民，而应该是以下问题：**我们需要怎样的学校**，**使得儿童和学生可以在其中行动**？或以检验现实教育实践的方式来提问：**在我们的学校中**，**行动在多大程度上具有现实可能性**？

我们可以将之解读为杜威关于教育机构之民主特性的问题，但对杜威以及其他主张为**了**民主的最佳教育是**通过**民主的教育的人来说，教育机构总体上的目标仍然是催生或“生产”民主的人。在我看来，问题不是如何使学校更加民主进而使儿童和学生成长为民主的人，而是民主主体是否在学校具有现实可能性。换言之，我的问题是儿童和学生在学校是否能够真正地成为民主的人。所以，我们需要追问的是，学校是否能成为儿童和学生行动的场所，即他们能够将其开端带入多元而差异的世界，同样也不会阻碍他者将其开端带入世界？

这又将对学校提出何种诉求呢？一方面，需要一个学生有真正的机会去开端、开始的教育环境，一个不单是强调课程教材的复制而是允许学生以其独有的方式回应课程所提供的学习机会的教育环境。这需要对课程本身有不同的理解：课程不能简单地被看作一套需要传输给学生的知识与技能，而是要探索和使用不同的课程科目，以提供一个特别的机会给学生，让学生可以以其独特的开端进入这个世界。例
139 如，它要求我们不应简单地把语言当作一套学生必须获得的技能，而应把语言看作学生可以参与其中的人类实践，在其中他们可以发现表

达自己、让自己进入世界的新方法(Biesta，2005)。它还要求教育者应表现出对学生的开创与开端怀有真正兴趣，并要求这样一种教育体系：不执迷于结果和排行榜，而是允许教师把时间和精力花在发现儿童和课程之间微妙的平衡上，使得学生和儿童有真正的机会接受新的事物，“我们无法预见的事物”(Arendt，1977a，p. 186)。

然而，我们不应该忘记，行动不只是关于开端的；它也与他者接受这些开端的方式有关。阿伦特提醒我们，他者不只是有能力自主行动，也是那些应该有机会自主行动的人。因此，去行动，即在一个多元差异的世界中成为一个民主的人，关涉说话、做事，关涉将人带入世界，同样也关涉聆听、等待、为他者开端创造空间，进而为他者成为主体创造机会。如果我们将儿童中心理解为不关心他者的自我表达的话，这意味着民主的学校，即行动在其中成为可能的学校，就**不是**一个儿童中心的学校。行动绝不是自我表达；行动关涉的是将人的开端置入复杂的社会机理，关涉的是我们的开端与相异之人的开端之间关系的制约性。这样，阿伦特关于民主的人的概念所呼求的民主教育 140
方法，就不是儿童中心而是**行动中心**的，既强调学生开端的机会，也强调多元化这一使行动成为可能的唯一条件。故而，它需要双重的教育责任：对每个人的责任以及对“世界”——作为民主主体之条件的多元与差异的空间——的责任。

尽管这些建议看起来有些笼统和抽象，但其暗示了在学校行动成为可能的关键性条件。在这方面，它们确实包含了一些切实的、关涉如何使学校成为行动，可以发生进而人成为主体的场所的建议，同时它们也指出了可能阻碍这些机会的因素。有些学校对学生所思所感毫无兴趣，学生没有空间去开端，课程仅被视为灌输到学生身心之中的内容，关于我们的开端对他者开端的机会的影响问题从未提起。很明显，在那里，要去行动进而成为民主的主体是极为困难的。然而，这样的学校的确存在，年轻人对其限制自己以及他者进入世界、成为主体的能力这一问题令人惊讶地心知肚明。民主的经验只有在日常生活的常规中才是“鲜活的”、真切的。所以，阿伦特关于民主的人概念并不寻求生产民主的人的课程，而是寻求使民主——可以理解为多元背景下的行动——具有现实可能性的学校。这种学校并不一定是在官方意义上的“民主”学校，比如，有学生议会的学校，或者基于民主协商的理念而建立的学校。协商，毕竟只是其中一种人可以行动、可以成为主体，可以进入世界的方式——它并非是适合所有人的方式。因此，不存在一幅民主学校应该怎样的蓝图，在某一时间点、某一情境下行动具有可能性并不能保证在其他时空下也能行得通。我们需要不断追问，需要随时关注学校里的行动在多大程度上具有可能性的问题。

如果我们放弃教育能生产民主的人这一观点，并视民主主体性为必须不断去追寻的东西，那么行动以及民主主体性问题就不再是一个仅与学校相关的问题了：它延展到了社会整体，并成为终生的过程。所以，从民主教育的角度来看，我们不应该只问学校里行动在多大程度上具有可能性这一问题。我们也应该问：为了让人们可以行动，我们需要什么样的社会？为探究社会的民主环境，这一问题也可以表述为下面的问题：在社会中，行动究竟在多大程度上具有现实可能性？

杜威和阿伦特让我们认识到，所谓的反社会或者非民主行为而谴责个人是没有意义的，因为人总是情境脉络中的人。阿伦特认为，我们也不要期望通过“适切的”民主教育就能解决这个问题。个人很重要，但在一个人不被允许行动——或只有某些团体才被允许行动——的社会或社会环境下，我们不能期望每个人仍然有着“适当的”、民主的举止。所以，阿伦特关于民主的人的概念所带给我们的观点是，我们不能因为民主的失败而谴责教育。提高社会民主品质的唯一路径是让社会更加民主，也就是说，为行动——其至始至终是多元与差异的世界中的行动——提供更多的机会。

可能看起来阿伦特对行动的强调意味着教育者无事可做、无能为力。我认为这一结论是不对的。我的研究认为，阿伦特对行动的强调是一种理解学习、主体性与民主之间关系的与众不同的方法。如前文 142
所述，传统民主教育方式提出的问题是：个体如何通过学习**成为**一个民主的人。如果民主主体性只存在于行动，如果它是关于通过他者回应和接受我们的开端而进入世界的方式，那么，学习就不是关于如何成为一个主体，而是有关从**作为**和**成为**一个主体学习到什么的问题。因此，阿伦特针对民主教育的第三个问题的建议是，**我们从作为/成为主体这一身份的蕴涵中可以学到什么？**

在这里，至关重要的学习，是去了解行动、进入世界以及遭遇与自己开端相关的他性与差异意味着什么，并思考从中能学到什么。要理解成为主体意味着什么，也需要从情境中学习，即从一个人**不**能进入世界的情境以及一个人亲身经验的**不能**行动之蕴涵的情境中学习。

毕竟，这种受挫的经验要比成功的经验更有意义，影响也更深远。所以，学校及教育者允许个体积极主动去开端以及通过保有使行动可能的多元与差异的空间，为行动创造机会，但其作用不仅在此。学校和教育者还有一个重要的角色，是要求与支持对那些使行动可能发生之情境的反思，甚至更重要的是对那些使行动不可能发生之情境的反思。这可能会促进人们对人行动以及成为主体所处的人的、人际的以及结构的脆弱环境之理解，对每个人成为主体继而民主成为现实所处的脆弱环境之理解。

通过追问这三个问题——学校里行动在多大程度上具有可能性？社会中行动在多大程度上具有可能性？从成为主体或作为主体可以学
143 到什么？——我倡议转变民主教育的思路，即从施压个人使其行为民主化、施压学校使其培养民主的人转变到将民主理解为一种所有人都能成为主体、都能进行阿伦特式的行动、都能“进入世界”的情境。如我在前面一直试图说明的，这并不意味着我们都能心想事成。阿伦特对于我们所处的这样一个“差异的世界”(Säfström & Biesta，2001)提出了至关重要的见解，即我们只有在一个与不同于我们的并能自主行动的他者共享的世界上，我们才能够成为主体。只有当他者以前所未有的、无法预见的、不可控制的方式接受我们的开端之时，我们才具有成为主体、“进入世界”的可能性。从这个意义上说，作为主体要受限于那无法预见的、差异的、他者的存在。而在这一悖论性情境中，主体才得以显现，民主才得以成为可能。

结　论

自启蒙运动以来，在教育理论和实践中就有一种强烈的倾向，认为教育是为了生产具备特定品质尤其是理性品质的主体。这种思考方式，深刻地影响着民主教育的理论和实践，正如我已经在本章中阐明的，其引导民主教育走上一条既是工具主义也是个人主义的道路。在本章中，我指出理解和实践民主教育的方法与民主的人的概念紧密相关。对于成为民主的人有何蕴涵这一问题，我给出了三种不同的答案：民主主体性的个人的、社会的和政治的概念。我指出，每种答案都为民 144
主教育提供了一个不同的理论依据。尽管民主主体性的个人的及社会的概念与以生产民主的人为目的的民主教育观联系紧密(或通过直接作用于个体的教育策略、或通过创设机会让个体参与民主生活)，我还是指出了一种能阐明民主主体性之内涵的与众不同的方法，这一与众不同的民主主体性的政治概念为民主教育的理论与实践给出了不同的启示。

这一路径不再强调民主的人的生产，不再认为个体自身必须要为未来的民主行动做准备。学校可以做的——或者至少应该努力去做的——是让行动成为可能，进而为儿童和学生创造**成为**主体的环境，去经验什么是主体以及作为主体意味着什么。与之关联的学习，并不**先于**民主主体性而存在；也不是一种生产民主公民的学习。至关重要的学习是一种从成为主体或如我所说的**未**成为主体中得出的学习。这种学习是关于脆弱条件的学习，在这种条件下，行动和主体性成为可能——我的主体性和所有他者的主体性都成为可能。因为主体性不再只是发生或产生于学校，根据我的思考，民主教育的方法是将民主教育的责任问题放归它应然归属之地，即整个社会。单凭学校就能生产民主公民的想法实际上是个幻觉。只要行动和主体性在学校和社会是
145 可能的，学校就可以完成更为适度的和现实的任务，即帮助儿童和学生学习和反思所有人都可以行动、都可以成为主体的脆弱的条件。在一个人不能行动或者不被允许行动的社会中，无法期望其学校会培养出民主公民。因此民主教育最终的任务在于社会自身，而**不在**于它的教育机构。学校不能创造也不能拯救民主——他们只能支持那些使行动和主体性具备现实可能性的社会。

/结语　中断教育学/ 147

教育是这样一个关键所在，即它决定我们是否足够爱这个世界进而承担起对世界的责任，并且出于同样原因将其从衰败中拯救，而那种衰败是不可避免的，除非对其更新，除非有新生代的到来。教育也是衡量我们是否爱孩子的关键点：爱孩子，我们就不要把他们从我们的世界中驱逐出去、让其自生自灭，也不要从其手中剥夺他们从事新事物以及其他我们无法预见之事物的机会。

——汉娜·阿伦特

用汉娜·阿伦特的这段话作为本书的结论看来是合适的，因为这段话简洁明了，抓住了我在本书中所提出的一些核心观点。阿伦特提及了对于世界的责任及其所隐含的对于世界的爱；她提及了新生代的
到来；她吁请我们既不要放任新生代、任其自生自灭，也不要阻断他 148
们将新事物以及其他我们无法预见之事物带进世界的机会。阿伦特的

话呼应了我的观点，即为了唯一的、独特的存在本身的入场，教育的责任蕴含着对于世界的责任——或者更准确的说，对于世界的现实性的责任。她还明确指出，教育的责任要求在参与度与放任度之间保持一种微妙的——或如我所说的解构性的——平衡。教育者关注新开端以及新开端者进入世界，并不意味着他们只是袖手旁观而已——这是学习之语言为何不同于教育之语言的原因。然而在同时，他们的参与不是去催生一种特定的主体性，不是依照某种特定的人性定义而去创造一种特定的人。教育者的责任是在到来者并不知晓的条件下对其到来所负的责任。

我从责任的角度描述了唯一的、独特的存在本身的入场(coming into presence of unique，singular beings)。我认为，“使”我们具有独特性(unique)、“允许”我们用自己特有(sigular)的声音言说的，正在于我们对他者、对他者之差异性做出回应的种种方式。正如列维纳斯所提醒我们的那样，这不是一个责任担当的问题，因为那会假定：在我们担当责任之前，我们就是主体，是自主的、至高无上的主体。责任不是“主体性的一个简单属性，(这样说)好像主体性在伦理关系之前自身早已存在似的”(Levinas，1985，p. 96)。林吉斯认为，“主体性通过与相异性的联系而得以凸显出来”(Lingis，1981，p. xxi)。故而作为责任的主体性也是一种同样的存在方式，因为“另外的存在也是一种存在”(Levinas，1985，p. 100)。为了理解人之主体的独特性，我们必须“超越本质”，走向一种空间，——或者最好是没有空间，一个“零空间”(Levinas，1981，p. 8)，即存在之外的存在。这里的首要问题不是主体之存在的问题，而是“我存在的权利”问题(Levinas，1989b，p. 86)。所以，正是在“存在的存在危机”(Levinas，1989b，p. 85)，在其存在的中 149
断中，主体的独特性获得了意义。造就我成为具有独特性之个体的，是我担当起责无旁贷之责任的时间节点(在列维纳斯看来，这事实上是时序性的最初之时)，是我对他者做出回应的时间节点，这种回应是对于“问题”的回应，而不是仅仅基于使他者进入存在的认可而展开的行动。他者早于我而存在。故而理解人的独特性，应从列维纳斯所谓的人的“本体论境遇”中脱离出来。这就是他为何写到，人之为人意味着“意味着他似乎是超越一切存在的存在”(Levinas，1985，p. 100)。使我成为独特性存在的，是我的责任不可让渡这一事实。“责任于我是义不容辞的，这一责任是独特性的最高尊严。我是唯一担负责任的，是不可替代的我。我可以替代任何人，但是任何人不能替代我”(Levinas，1985，p. 101)

人们之所以对于自身的唯一性、独特性怀有教育关切，原因就在于其蕴含了对于世界之现实性(worldliness)的关切与责任，对于创设现实空间(worldly spaces)、多元与差异空间的关切。毕竟，在与他性以及差异的相遇的境遇下，唯一的、独特的存在很难进入世界。即使我们能够创设现实空间——我曾指出所创设之物的局限性——没有保证个体会对于他们遇见的他性与差异做出回应，也没有保证他们会用他们自己独特的方式回应。可是，我们可以明确地是，当空间失去其现实特质之时，在这些空间里，回应将失去其可能性，自由也会消失 150
不见。

然而教育的责任，并不囿于创设现实空间以及为之承担责任。我认为，教育责任还有一种更为直接的表现，按照列维纳斯的观点，我们可以理解为存在之存在的中断，我在第一章中称之为主体之主权的侵犯。这需要追问一个看似简单然而在我看来却是很基本的教育问题："你对此怎么看?"(见 Ranciere，1991，p. 36；Masschelein，1998，p. 144；Biesta，1998a)。这是一个困难的问题，一个有中断之潜能的问题。而我想说的是，这也是一个有潜能去唤起人们作为独特、特异个体进入存在的问题。这个问题可以从很多不同的形式去追问，看到这一点很重要。这与思考并没有必然联系。我们也可以问："你有何立场?"或者"你将如何回应?"我们也可以用非语言的方式追问，比如我们不把课程看作必须移入学生身心的一套知识与技能体系，而是一些实践与惯例，要求学生给出回应，并为新来者做出回应及进入世界提供各种方法。在任何情况下，这意味着教育不再是一个给予的过程，而是成为了一个追问的过程，追问困难问题的过程。

本书中，我试图解答这个问题，即如果我们放弃了教育的人本主义基础，更具体地说，现代教育的人本主义的基础，可能会有怎样的后果。我探究这一问题的动机，不仅仅是因为我认为，企图界定人的本质是不可能的；在某种意义上，这种企图总是太迟到来，因为人必须首先成为人才能够去界定人的本质。另外，还有一种观点促使我研
151 究，即人本主义是不可取的，因为其**不够**人性(Levinas)。为此，我探究出了一种理解、解读教育的方法，这种方法把成为人意味着什么这一问题，看作是完全**开放**的问题，一个只能通过参与到教育活动当中

才能回答——并必须不断回答的问题，而不是在参与教育之前就需要回答的问题。我意识到在这一立场上，我站到了认为界定人之为人之内涵，要比不做界定更危险的那些人一边。当然，对该问题不置可否，也不是没有危险。但我坚信，把人的人性问题看作是一个完全开放的问题，看作是必须不断“实现”的问题，能够帮助我们保持警惕之心，特别是当有人企图对人之为人、过人的生活的内涵做出限定时。当然，相比生活在一个对人与非人、理性与疯癫、文明与野蛮做出明确界定的世界中，生活在不对人性做出界定的世界要更为困难些。但是，伴随着前一策略而来的安全感只能是伪安全，因为真的问题，即如何与那些不同于我们的他者共存的问题，仍然存在。这就是人本主义的批判与我在本书里推举的理解和解读教育的替代方式，为何都与推动力，或者说与民主的愿景紧密相连的原因。毕竟民主本身就是对多元与差异的世界的承诺，对自由世界的承诺。

参考文献

Apple, M. W. (1979). *Ideology and Curriculum*. Boston: Routledge and Kagan Paul.

Apple, M. W. (2000). "Can Critical Pedagogy Interrupt Rightist Policies?" *Educational Theory* 50(2): 229-254.

Apple, M. W., and J. A. Beane. (1995). *Democratic Schools*. Alexandria, VA: Association for Supervision and Curriculum Development.

Arendt, H. (1977a [1954]). *Between Past and Future: Eight Exercises* in Political Thought. Harmondsworth: Penguin.

Arendt, H. (1977b [1958]). *The Human Condition*. Chicago: University of Chicago Press.

Arendt, H. (1982). *Letures on Kant's Political Philosophy*. Chicago: University of Chicago Press.

Bailey, C. (1984). *Beyond the Present and the Particular. A Theory of Liberal Education*. London: Routledge and Kegan Paul.

Barber, B. (1984). *Strong Democracy. Participatory Politics for a New Age*. Berkeley: University of California Press.

Barber, B. (1998). *A Place for Us: How to Make Society Civil and Democracy Strong*. NEW York: Hill and Wang.

Barnes, B. (1977). *Interests and the Growth of Knowledge*. London: Routledge and Kegan Paul.

Bauman, Z. (1992). *Intimations of Postmodernity*. New York: Routledge.

Bauman, Z. (1993). *Postmodern Ethics*. Oxford: Blackwell.

Bauman, Z. (1995). "Making and Unmaking of Strangers." Reprinted in P. Beilharz, ed, (1999). The Bauman Reader, 200-217. Oxford: Blackwell.

Bauman, Z. (1999). *In Search of Politics*. Stanford, CA: Stanford University

Press.

Beetham, D. , and K. Boyle . (1995). *Introducing Democracy*. 80 *Questions and Answers*. Cambridge: Polity Press.

Bergers, G. (2003). "Individuality and Community—More Space for Development. " Detail. Zeitschrift fur Architektur /Review of Architecture 43(3): 226-236.

Bernstein, B. (2000). *Pedagogy, Symbolic Control and Identity*. Lanham, MD: Rowman and Littlefield.

Bhabha, H. K. (1990). "The Third Space. An Interview with Homi Bhabha. " InJ. Rutheford, ed. Identiyt. Community, Culture, Difference, 207-221. London: LAWRENCE AND Wishart.

Biesta, G. J. J. (1994). "Education ad Practical Intersubjectivity. Towards a Critical-Pragmatic Understanding of Education. "*Educational Theory* 44(3): 299-317.

Biesta, G. J. J. (1998a). 'Say You Want a Revolution… 'Suggestions for the Impossible Future of Critical Pedagogy. "*Educational Theory* 48(4): 499-510.

Biesta, G. J. J. (1998b). "Pedagogy without Humanism. Foucault and the Subject of Education. "*Interchange*29(1): 1-16.

Biesta, G. J. J. (2001). "How Difficult Should Education Be?"*Educational Theory* 51 (4): 385-400.

Biesta, G. J. J. (2002a). "*Bildung* and Modernity. The Future of *Bildung* in a World of Difference. *Studies in Philosophy and Education* 21 (4 /5): 343-351.

Biesta, G. J. J. (2002b). "How General Can *Bildung* Be? Reflections on the Future of a Modern Educational Ideal. *British Journal of Philosophy Of Education* 36 (3): 377-390.

Biesta, G. J. J. (2003a). "Learning from Levinas: A Response. "*Studies in Philosophy and Education* 22(1): 61-68.

Biesta, G. J. J. (2003b). "Demokrati—ett problem for utbildning eller ett utbildningsproblem?"*Utbildning and Demokrati* 12(1): 59-80.

Biesta, G. J. J. (2004a). "Education, Accountability and the Ethical Demand. Can the Democratic Potential of Accountability Be Regained?" *Educational Theory* 54 (3): 233-250.

Biesta, G. J. J. (2004b). "'Mind the Gap!' Communication and the Educational Relation. "In Charles Bingham and Alexander M. Sidorkin, eds. No Education without Relation, 11-22. NewYork: Peter Lang.

Biesta, G. J. J. (2005). "George Herbert Mead und die Theorie der schulischen matismus. "Gesellschaftstheorie und die Entwicklung der Padagogik, 131-150. Zurich: Verlag

Pstalozzianum.

Biesta, G. J. J. , and R. S. Lawy. (2006). "From Teaching Citizenship to Learning Democracy: Overcoming Individualism in Research, Policy, and Practice." *Cambridge Journal of Education* 36(1): 29-45.

Biesta, G. J. J. , and G. J. J. M. Stams. (2001). "Critical Thinking and the Question of Critique. Some Lessons from Deconstruction." *Studies in Philosophy and Education* 20(1): 57-74.

Bloor, D. (1976). *Knowledge and Social Imagery*. London: Routledge and Kegan Paul.

Cadava, E. , P. Conner, and J.-L. Nancy, eds. (1991). *Who Comes after the Subject?* New York: Routledge.

Callan, E. (1997). *Creating Citizens. Political Education and Liberal Democracy* . Oxford, UK: Oxford University Press.

Caputo, J. D. (1997). *Deconstruction in a Nutshell. A Conversation with Jacques Derrida*. New York: Fordham University Press.

Carr, W. , and A. Hartnett. (1996). *Education and the Struggle for Democracy. The Politics of Educational Ideas*. Buckingham: Open University Press.

Cleary, J. , and P. Hogan. (2001). "The Reciprocal Character of Self-Education. Introductory Comments on Hans-Georg Gadamer's Address 'Education Is Self-Education.'" *Journal of Philosophy of Education* 35(4): 519-528.

Counts, G. (1939). *Dare the School Build a New Social Order?* New York: John Day.

Critchley, S. (1999). *Ethics—Politics—Subjectivity. Essays On Derrida, Levinas and Contemporary French Thought*. London: Verso.

Derrida, J. (1978). "Violence and Metaphysics. An Essay on the Thought of Emmanuel Levinas." In J. Derrida, *Writing and Difference*, 79-153. Chicago: University of Chicago Press.

Derrida, J. (1988). *Limited Inc*. Evanston, IL: Northwestern University Press.

Derrida, J. (1992). *The Other Heading . Reflections on Today's Europe* Translated by Pascale-Anne Brault and Michael B. Naas. Bloomington: Indiana University Press.

Derrida, J. (1997). *Politics of Friendship*. London: Verso.

Derrida, J. (1998). *Monolingualism of the Other; or, the Prosthesis of Origin*. Stanford, CA: Stanford University Press.

Dewey, J. (1954). *The Public and Its Problems*. Chicago: Swallow Press.

Dewey, J. (1958). *Experience and Nature*. New York : Dover Publications.

Dewey, J. (1966[1916]). *Democracy and Education*. New York: Free Press.

Dewey, J. (1980[1917]). "The Need for Social Psychology. "In J. A. Boydston, ed. , *John Dewey. The Middle Works*, 1899—1924. Volume 10, 53-63. Carbondale: Southern Illinois University Press.

Dewey, J. (1983[1922]). *John Dewey. The Middle Works*, 1899—1924. Volume 14: *Human Nature and Conduct*, J. A. Boydston, ed. Carbondale: Southern Illinois University Press.

Dewey, J. (1984[1929]). *John Dewey. The Lake Works*, 1925—1953. *Volume* 4: *The Quest for Certainty*, J. A. Boydston, ed. Carbondale: Southern Illinois University Press.

Dewey, J. (1987a[1937]). "The Challenge of Democracy to Education. " In J. A. Boydston, ed. *John Dewey. The Later Works*, 1925—1953. *Volume* 11: 1935—1937, 181-190. Carbondale: Southern Illinois University Press.

Dewey, J. (1987b[1937]). "Democracy and Education Administration. " In J. A. Boydston, ed. *John Dewey. The Later Works*, 1925—1953. Volume 11: 1935—1937, 217-252f. Carbondale: Southern Illinois University Press.

Dewey, J. (1988[1939]). "Experience, Knowledge and Value: A Rejoinder. " In J. A. Boydston, ed. *John Dewey. The Later Works*, 1925—1953. Volume 14: 1939—1941, 3-90. Carbondale: Southern Illinois University Press.

DfEE. (1998). The Learning Age. *A Renaissance for a New Britain*. Sheffield: Department for Education and Employment.

DfEE. (1999). *Learning to Succeed . A New Framework for Post-*16 *Learning*. Sheffield: Department for Education and Employment.

Disch, Lisa Jane. (1994). *Hannah Arendt and the Limits of Philosophy. With a New Preface*. Ithaca: Cornell University Press.

Donald, J. (1992). *Sentimental Education. Schooling, Popular Culture and the Regulation of Liberty*. London: Verso.

Dreyfus, H. L. , and P. Rabinow. (1983). *Michel Foucault. Beyond Structualism and Hermeneutics*. Second Edition. *With an Afterword by and an Interview with Michel Foucault*. Chicago: University of Chicago Press.

Dryzek, J. S. (2000). *Deliberative Democracy and Beyond*. Oxford: Oxford University Press.

Eisenman, P. (1976). "Post-functionalism. "Oppositions 6: unpaginated. Reprinted in K. Nesbitt, ed. , *Theorizing a New Agenda for Architecture*, 80-83. New York: Princeton Architectural Press.

Englund, T. (1994). "Communities, Markets and Traditional Values: Swedish Schooling in the 1990s." *Curriculum Studies* 2(1): 5-29

Feinberg, W. (2001). "Choice, Autonomy, Need-Definition and Educational Reform." *Studies in Philosophy of Education* 20(5): 402-409

Festenstein, M. (1997). *Pragmatism and Political Theory. From Dewey to Rorty*. Chicago: University of Chicago Press.

Field, J. (2000). *Lifelong Learning and the New Educational Order*. Stoke on Trent: Trentham Books.

Fosnot, C. T. (1996). *Constructivism*. New York: Teachers College Press.

Foucault, M. (1973). *The order of Things. An Archaeology of the Human Sciences*. New York: Vintage/Random House.

Foucault, M. (1983). "The Subject and Powder." In H. Dreyfus and P. Rabinow, *Michel Foucalt. Beyond Structuralism and Hermeneutics. Second Edition. With and Afterword by and an Interview with Michel Foucault*, 208-226. Chicago: University of Chicago Press.

Foucault, M. (1984). "What is Enlightenment?" In P. Rabinow, ed., *The Foucault Reader*. New York: Pantheon.

Foucault, M. (1985). *The Use of Pleasure*. New York: Pantheon.

Foucault, M. (1986). *The Care of the Self*. New York: Pantheon.

Foucault, M. (1991). "The Ethics of Care for the Self as a Practice of Freedom. An Interview with Michel Foucault." In J. Bernauer and D. Rasmussen, eds., *The Final Foucault*, 1-20. Cambridge: MIT Press.

Foucault, M. (1995[1977]). *Discipline and Publish. The Birth of the Prison*. New York: Vintage.

Gadamer, H.-G. (2001). "Education Is Self-Education." *Journal of Philosophy of Education* 35(4): 529-538.

Gallie, W. B. (1955). "Essentially Contested Concepts." *Proceedings of the Aristotelian Society* LVI, 167-198. London: Harrison and Sons.

Ghirardo, D. (1996). *Architecture after Modernism*. London: Thames and Hudson.

Giesecke, H. (1985). *Das Ende der Erziehung*. Stuttgart: klett-Cotta.

Giroux, H. A. (1989). *Schooling for Democracy. Critical Pedagogy in the Modern Age*. London: Routledge.

Granel, G. (1991). "Who Comes after the Subject?" In E. Cadava, P. Connor, and J.-L. Nancy, eds. *Who Comes after the Subject?*, 148-156. New York: Routledge.

Gutmann, A. (1987). *Democratic Education*. Princeton, NJ: Princeton University

Press.

Gutmann, A. (1993). "Democracy. "In R. E. Goodin and Ph. Pettit, eds. A Companion to Contemporary political Philosophy, 411-421. Oxford: Blackwell.

Habemas, J. (1996). *Between Facts and Norms. Contribution to a Discourse Theory of law and Democracy*. Cambridge, MA: MIT Press.

Heartfield, J. (2002). *The "Death of the Subject" Explained*. Sheffield: Sheffield Hallam University Press.

Heidegger, M. (1993[1947]). "Letter on Humanism. "In David Farrell Krel, ed. Martin Heidegger: The Basic Writings, 213-265. San Francisco: Harper.

Held, D. (1987). *Models of Democracy*. Cambridge: Polity Press.

Held, D. (1995). *Democracy and the Global Order. From the Modern State to Cosmopotitan Governance*. Cambridge: Polity Press.

Hertzberger, H. (2000). *Space and the Architect. Lessons in Architecture* 2. Rotterdam: 010 Publishers.

Honig, B. (1993). *Political Theory and the Displacement of Politics*. Ithaca, NY: Cornell University Press.

Kant, I. (1929). *Critique of Pure Reason*. Translated by N. Kemp Smith. New York: Cornell University Press.

Kant, I. (1982). "Über Pädagogik. "In I. Kant, Schiften Zur Anthropologie, Geschichtsphilosophie, Politik und Pädagogik, 695-761. Frankfurt amMain: Insel Verlag.

Kant, I. (1992[1784]). "An Answer to the question" What Is Enlightment?" In P. Waugh, ed. Post-Modernism: A Reader, 89-95. London: Edward Arnold.

Klafki, W. (1986). "Die Bedeutung Des klassischen Bildungstheo-rien für ein zeitgemässes Konzept von allgemeiner Bildung. " *Zeitschrift für Pädagogik* 32(4): 455-476.

Kurgan, L. (1994). "You Are Here: Information Drift. "*Asssemblage* 25: 14-43.

Laclau, E. (1995). "Unversalism, Particularism and Question of Identity. " In J. Rajchman, ed. The Identity in Question, 93-108. New York: Routledge.

Lave, J., and E. Wenger. (1991). *Situated learning. Legitimate Peripheral Participation*. Cambridge: Cambridge University Press.

Levinas, E. (1981). *Otherwise Than Being or Beyond Essence*. The Hague: Martinus Nijhoff.

Levinas, E. (1985). *Ethics and Infinity*. Pittsburgh, PA: Duquesne University Press.

Levinas, E. (1989a). "Substitution. " In S. Hand, ed. *The Levinas Reader*, 88-

125. Oxford: Basil Blackwell.

Levinas, E. (1989b). "Ethics as First Philosophy." In S. Hand, ed. *The Levinas Reader*, 75-87. Oxford: Basil Blackwell.

Levinas, E. (1990). *Difficult Freedom. Essays on Judaism.* Translated by Sean Hand. Baltimore, MD: Johns Hopkins University Press.

Levinas, E. (1998a). "The I and totality." In E. Levinas, *Entre-nous: On Thinking-of-the-other*, 13-38. New York: Columbia University Press.

Levinas, E. (1998b). "Uniqueness." In E. Levinas, *Entre-nous: On Thinking-of-the-other*, 189-196. New York: Columbia University Press.

Lingis, A. (1981). "Translator's Introduction." In E. Levinas, *Otherwise Than Being or Beyond Essence*, xi-xxxix. The Hague: Martinus Nijhoff.

Lingis, A. (1994). *The Community of Those Who Have Nothing in Common.* Bloomington: Indiana University Press.

Ljunggren, C. (1999). "Questions of Identity and Education. Democracy between past and Future." In C.-A. Säfström, ed. *Identity. Questioning the logic of Identity in educational Theory*, 47-60. Lund: Studentlitteratur.

Løvilie, L., K. P. Mortensen, and S.-E. Nordenbro, eds. (2003). *Educating Humanity: Bildung in Postmodernity.* Oxford: Blackwell.

Masschelein, J. (1998). "In Defence of Education as Problematisation." In D. Wildemeersch, M. Finger, and R. Janse, eds. *Adult Education and social Responsibility*, 133-149. Frankfurt am Main: Peter Lang.

McDonnell, L., P. M. Timpane, and R. Benjamin, eds. (2000). *Rediscovering the Democratic Purposes of Education.* Lawrence: University Press of Kansas.

Mclaren, P. (1997). *Revolutionary Multiculturalism.* Pedagogies of Dissent for the New Millennium. Boulder, CO: Westview Press.

Mclaughlin, T. H. (2000). "Citizenship Education in England: The Crick Report and Beyond." Journal of Philosophy of Education 34(4): 541-570.

McNeil, L. A. (2002). "Private Asset or Public Good: Education and Democracy at the Crossroads." *American Educational research Journal* 39(2): 243-248.

Mollenhauer, K. (1964). *Erziehung und emanzipation.* Weinheim: Juventa.

Mouffe, Ch., ed. (1992). *Dimensions of Radical Democracy.* London: Verso.

Mouffe, Ch., ed. (1993). *The Return of the Political.* London: Verso.

Nancy, J.-L. (1991). "Introduction." In E. Cadava, P. Connor, and J.-L Nancy, eds. *Who comes after the Subject?* 1-8. New York: Routledge.

Neill, F. (2004). "Fame Academy." *The Times Magazine.* (14 August): 39-41.

OECD (Organization for Economic Cooperation and Development). (1996). *Lifelong learning for All*. Paris: OECD.

Parker, W. C. (1995). *Educating the Democratic Mind*. New York: SUNY.

Passerin d'Entrèves, M. (1994). *The Political Philosophy of Hannah Arendt*. London: Routledge.

Pateman, C. (1970). *Participation and Democratic theory*. Cambridge: Cambridge University Press.

Peperzak, A. (1991). "Presentation. "In R. Bernasconi and S. Crichley, eds. *Re-Reading Levinas*, 51-66. Bloomington: Indiana University Press.

Rancière, J. (1991). *The Ignorant Schoolmaster. Five Lessons in Intellectual Emancipation*. Stanford: Stanford university Press.

Rawls, J. (1993). *Political Liberalism*. New York: Columbia University Press.

Rawls, J. (1997). "The Idea of Public Reason Revisited. "*University of Chicago Law Review* 94, 765-807.

Säfström, C.-A., and G. J. J. Biesta. (2001). "Learning Democracy in a World of Difference. "*School Field* 12(5/6): 5-20.

Saltman, K. J. (2000). *Collaternal Damage: Corporatizing Public Schools—A Threat to Democracy*. Lanham, MD: Rowman and Littlefield.

Shapiro, I. (2003). *The State of Democratic Theory*. Princeton, NJ: Princeton University Press.

Sidorkin, A. M., and Ch. Bingham, eds. (2004). *No Education without Relation*. New York: Peter Lang.

Simons, J. (1995). *Foucault and the Political*. New York: Routledge.

Soder, R., I. Goodlad, and T. J. McMannon, eds. (2001). *Developing Democratic Character in the Young*. San Francisco: Jossey-Bass.

Torney-Purta, J., R. Lehmann, H. Oswald, and W. Schulz. (2001). *Citizenship and Education in Twenty-Eight Counties: Civic Knowledge and Engagement at Age Fourteen*. Amsterdam: IEA.

Torres, C. A. (1998). *Democracy, Education and Multiculturalism. Dilemmas of Citizenship in a Global World*. Lanham, MD: Rowman and Littlefield.

Tschumi, B. (1981). *The Manhattan Transcripts*. New York: St. Martin's Press.

Tschumi, B. (1994a). "*Urban Pleasures and the Moral Good.*" Assemblage 25: 6-13.

Tschumi, B. (1994b). *Architecture and Disjunction*. Cambridge, MA: MIT Press.

Tschumi, B. (1994c). *Event-Cities*. Cambridge, MA: MIT Press.

Tschumi, B. (2001). *Event-Cities* 2. Cambridge, MA: MIT Press.

Usher, R., and R. Edwards. (1994). *Postmodernism and Education*. London: Routledge.

Vanderstraeten, R., and G. J. J. Biesta. (2001). "How Is Education Possible?" *Educational Philosophy and Theory* 33(1): 7-21.

Wells, A. S., J. Slayton, and J. Scott, J. (2002). "*Defining Democracy in the Neoliberal Age: Charter School Reform and Educational Consumption*." American Research Journal 39(2): 337-361.

Westheimer, J., and J. Kahne. (2004). "What Kind of Citizen? The Politics of Educating for Democracy." *American Educational Research Journal* 41(2): 237-269.

Wimmer, K-M. (1988). *Der Andere und die Sprache*. Berlin: Reimer Verlag.

索　引[①]

① 本索引每个条目后所附数码为英文页码，即中文版边码。

B

E

F

G

H

I

J

K

L

P

R

S

U

V

W

图书在版编目(CIP)数据

超越人本主义教育：与他者共存 /（荷）格特·比斯塔著；杨超，冯娜译. —北京：北京师范大学出版社，2020.4
（教育经典译丛）
ISBN 978-7-303-25305-0

Ⅰ.①超… Ⅱ.①格… ②杨… ③冯… Ⅲ.①人本主义一教育哲学一研究 Ⅳ.①G40—02

中国版本图书馆 CIP 数据核字(2019)第 247687 号

北京市版权局著作权合同登记号：图字 01-2016-4334

营 销 中 心 电 话 010-58805072 58807651
北师大出版社高等教育与学术著作分社 http://xueda.bnup.com

CHAOYUE RENBEN ZHUYI JIAOYU YUTAZHE GONGCUN
出版发行：北京师范大学出版社 www.bnup.com
北京市西城区新街口外大街 12—3 号
邮政编码：100088
印 刷：北京盛通印刷股份有限公司
经 销：全国新华书店
开 本：890 mm×1240 mm 1/32
印 张：5.625
字 数：131 千字
版 次：2020 年 4 月第 1 版
印 次：2020 年 4 月第 1 次印刷
定 价：58.00 元

策划编辑：周益群 责任编辑：周益群
美术编辑：李向昕 装帧设计：李向昕
责任校对：李云虎 责任印制：马 洁

Title：Beyond Learning：Democratic Education for a Human Future
By Gert J. J. Biesta
Copyright ©2006 by Routledge

Authorized translation from English language edition published by Routledge, part of Taylor & Francis Group LLC.
本书原版由 Taylor & Francis 出版集团旗下，Routledge 出版公司出版，并经其授权翻译出版。